Black Sheep

Black Sheep

Black Sheep

| 블랙 쉽 |

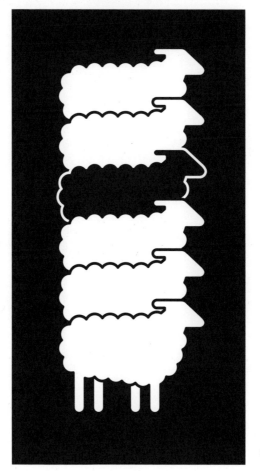

브랜트 멘스워 지음 ― 최이현 옮김

필름ㅇ

잠들어 있는 내 안의
검은 양을 일깨워라

더 높은 것을 추구하고 싶은 사람들에게
이 책이 답이다.

일러두기

· 도서명 및 정기간행물 등은 『 』, 영화 및 공연과 프로그램명, 노래제목 등은 〈 〉로
  표기했습니다.
· 본문에서 언급한 외서 단행본 중 국내에 출간된 도서는 국역본 제목으로 표기했
  습니다.
· 본문의 각주는 모두 옮긴이의 것입니다.

이 책에 쏟아진 찬사

자신의 인생 이야기를 들려주고 싶은 사람이 있다면, 이 실용적이고 강렬한 책이 그 꿈을 이루게 도와줄 것이다.

_ **필 M. 존스**Phil M. Jones, 『Exactly What to Say』의 저자

브랜트 멘스워의 『블랙 쉽』은 타협할 수 없는 가치를 파악하고 실천하며, 즉흥 연기를 멈추고 목적에 따라 인생을 살 수 있도록 안내하는 책이다. 재미뿐만 아니라 가슴 아픈 경험담과 상황별 사례, 명확한 메시지 등을 통해 '당신' 자신의 검은 양 가치관에 따라 인생을 사는 방법을 체계적으로 제시해준다.

_ **짐 나이트**Jim Knight, 『Culture that Rocks』의 저자

나는 내 핵심 가치를 상상해본 적이 없다. 지금까지는……. 그러나 이제부터는 날마다 내 검은 양을 돌볼 생각이다.

_ **앨리슨 레바인**Alison Levine, 베스트셀러 작가, 강연자, 미국 탐험가

『블랙 쉽』에는 음악이 들어있나 보다. 페이지를 넘길 때마다 공감하며 저절로 고개를 까딱이게 된다.

_ **스캇 스트래튼**Scott Stratten, 베스트셀러 작가이자 그 자체가 '검은 양'

반복하지만, 이 책은 '자신의 가치관을 정립하라'고 권하는 흔한 자기계발서가 아니다! 브랜트 멘스워의 생각은 가히 천재적이다.

_ **멜리사 위긴스**Melissa Wiggins, 캐논볼소아암재단 공동 창립자

나는 검은 양이 되고 싶다. 위대한 발견을 하려면 끝없이 노력해야 한다. 그런 여정에 브랜트 멘스워는 완벽한 길잡이가 되어 준다. 그를 믿고, 이 책을 읽어 보자. 놀라운 결과를 얻게 될 것이다.

_ **미치 조엘**Mitch Joel, 『미래를 지배하는 식스 픽셀Six Pixels of Separation』의 저자

브랜트 멘스워는 사람들이 자신의 핵심 가치를 명확히 정의하고 궁극적인 목적에 따라 살 수 있도록 도와주는 세계적인 전문가이다.

_앨런 스테인 주니어[Alan Stein Jr.], 『승리하는 습관[Raise Your Game]』의 저자

우리는 모두 목적의식을 가지고 살고 싶어 한다. 『블랙 쉽』은 자신의 목적을 찾는 데 도움이 필요한 사람들에게 유용한 책이다.

_케이 롤린스[Kay Rawlins], 올랜도 시티(미국 메이저리그 사커 클럽) 공동 창립자

브랜트 멘스워는 목적의식을 가지고 인생을 사는 지혜를 이해하기 쉽고 설득력 있게 전달한다. 『블랙 쉽』은 자신의 '무엇'을 찾을 수 있는 길로 데려가서, 자신의 '왜'에 따라 살 수 있도록 돕는다.

_필립 스투츠[Phillip Stutts], 『Fire Them Now』의 저자

당신에게 가장 중요한 것은 무엇인가

나는 첫 번째 목표를 이루었다. 내 목표는 표지만 보고도 읽고 싶어지는 독특하고 강렬한 책을 쓰는 것이었다. 그래서 이렇게 묻고 싶다.

"당신은 왜 이 책을 샀는가?"

이 질문에 답을 찾고 있다면, 그것은 마치 양 오백 마리 중에서 한 마리의 흰 양을 찾으려고 애쓰는 것과 같다.

당신이 이 책을 고른 이유를 나로서는 전혀 모르지만, 내 생각에 아마 당신도 잘 모를 것이다……. 아직까지는 말이다.

어쩌면 책 표지에 그려진 검은 양의 이미지가 당신의 호기심을 자극했는지도 모르겠다. 대부분의 사람들은 일반적인 흰 양이 아닌 검은 양은 부정적으로 생각한다. 가족이나 직장 동료 중 검은 양(독특한 존재)은 대개 함께 일하기 어려운 사람이나 따돌림을 받는 사람으로 여겨진다. 그러나 검은 양의 이런 부정적인 이미지는 오해에서 비롯되었다. 또한 당신이 스스로 검은 양처럼 느낀다면 거기에는 수많은 복잡한 이유가 있다. 어쩌면 당신은 무리에서 군계일학이지만, 그 위치에 오르게 한 힘이 무엇인지 잘 모를 수 있다.

어쨌든 진도를 나가려면, 잠시 쿠엔틴 타란티노 Quentin Tarantino의 영화처럼 되감기를 해야 한다. 바꿔 말해서, 지금의 당신을 있게 한 과거 사건과 행동들을 이해하고 나면, 찾고 있던 답과 앞으로 나아가야 할 방향에 대한 실마리를 얻게 될 것이다.

내가 들려줄 이야기는 꽤 설득력이 있고 강력해서,

당신의 생각과 신념, 그리고 인생을 바꿀 것이다. 왜 검은 양이 무리에서 배척당하고 다른 양들처럼 인정을 받지 못하는지 궁금해 한 적이 있는가? 그 이유는 충격적인데, 검은 양의 털은 물을 들일 수 없기 때문이다.

그렇다. 검은 양은 대단히 독특한 존재이다. 그것은 외부의 영향을 받지 않고, 다른 힘에 의해 모양이나 상태가 바뀌지도 않는다. 이것이 무슨 의미인지 이해하는가? 만약 당신이 검은 양으로 취급받는다면, 아마 복잡한 감정이 들 것이다. 그러나 당신의 목표가 독창적인 삶이라면, 검은 양이 되어야 한다.

당신 안에는 당신조차 인지하지 못한 힘이 있다. 그 힘은 당신으로 하여금 현실적이고 가시적인 방식으로 인생에서 놀라운 일을 펼치게 해줄 것이다. 지금 나는 수리수리마수리 같은 무슨 요상한 주문을 말하는 것이 아니다. 내 말은 당신 안에 있는 가장 중요한 핵심 가치를 활성화하라는 의미이다. 나는 이것을 '검은 양 가치 black sheep values'라고 부른다. 당신은 이 검은 양 가치를 활용해서 인생의 목적을 선택하고 그것을 이룰 수 있다.

'무엇'으로 시작하라

많은 사람들이 목적과 관련해서 학교나 사회에서 배우게 되는 것은 '왜'로 시작하라는 것이다. 그래서 그 가르침에 따라 자신의 '왜'를 정의하려 애쓰지만, 대부분 삶이 바뀌지는 않는다. 이유가 무엇일까? 분명히 배운 대로 한 것 같은데, 직장에서든 사생활에서든 어떤 변화도 일어나지 않는다.

그런데 혹시 알고 있는가? 당신이 보통의 다른 사람들과 비슷하다면, 당신의 '왜'에 문제가 있을지도 모른다는 것을. 왜냐하면 '왜'를 정확히 정의하려면, '무엇'부터 찾아야 하기 때문이다.

당신이 절대로 타협할 수 없는 것은 무엇인가? 다른 사람들이 무슨 말을 하든, 당신에게 어떤 영향을 주려 하든 상관없이, 절대로 변하거나 물들지 않고 당신을 당신답게 만들어주는 핵심 가치는 무엇인가?

그런 핵심 가치가 바로 당신의 검은 양 가치이다. 자신의 검은 양 가치(이 세상에서 다른 사람과 나를 구분해주는 가치)를 찾으면 당신은 온전하고 특별한 자아를 발견할 수 있고 진실되게 살 수 있다.

진실된 삶에는 특별한 힘이 있다. 아마 살면서 다른 사람들에게서 여러 번 그런 힘을 본 적이 있을 것이다. 그런 사람은 주변 사람들을 자석처럼 끌어당긴다. 그들 곁에 서면, 다른 세계로 끌려 들어가는 자신을 발견하게 된다. 그런 경험은 위안과 동시에 흥미를 불러일으키며, 당신 안에서 영감이 마구 솟구친다. 이는 마치 영화 〈록키Rocky〉를 처음 봤을 때 느꼈던 감정과 비슷하다. 그것은 세상 풍파에 맞서 싸울 준비가 됐다는 느낌이다.

자신의 검은 양 가치를 발견하고 나면, 당신은 절호의 기회를 만들 수 있다. 그 기회는 당신의 핵심 가치를 언제 어디에서 내보일지 선택할 수 있게 한다.

"당신의 검은 양 가치는 내면에 깊이 숨겨져
있으면서 당신을 독창적인 존재로 만들어주는
핵심 가치이다. 이것은 주변의 영향을 받지 않고,
수정이나 변경도 되지 않는다."

목양업자는 양 떼를 관리하기 위해 흰 양 백 마리와 검은 양 한 마리를 같이 두고는 아침마다 들판에 있는 양 떼를 살핀다. 즉, 흰 양이 오백 마리 있다면, 검은 양 역시 다섯 마리가 있어야 하므로 검은 양 다섯 마리가 보이지 않으면, 문제가 생겼음을 알 수 있다. 결국 검은 양은 흰 양만큼 가치는 인정받지 못하지만, 목양업자에게는 가장 중요한 양일 수밖에 없다. 검은 양이 그 고유성 덕분에 오히려 눈에 띄게 되는 것처럼 당신도 마찬가지다.

당신의 지각은 강력하다

전설적인 마술사 해리 후디니Harry Houdini는 이런 유명한 말을 했다. "마음은 눈으로 보고 귀로 듣는 것을 믿는다." 이 말은 검은 양 가치를 삶의 중심에 두어야 하는 이유를 설명해준다. 당신의 세계관은 당신의 믿음을 통해서 나온 견해이다. 당신이 전략적으로 때와 장소를 선택해서 검은 양 가치관을 드러내면, 사람들은 끊임없이 당신에 대한 미담을 전파할 것이므로, 당신의 영향력은 극대화될 것이다.

이것이 바로 '무엇'부터 찾아야 하는 이유이다. 당신의 '무엇'은 당신의 핵심 가치이며, 이 '무엇'은 당신의 '왜'(목적)를 좌우하고, 다시 '왜'는 당신의 '어떻게'(임무 또는 목적에 따른 삶을 위한 행동)를 결정한다. 그 관계를 간단히 표현하면 이렇다.

당신은 자신의 '무엇'을 발견한 다음 '왜'를 선택해야 한다. 그 둘은 나무의 뿌리와 같이 거의 변하지 않는다. 그러나 당신의 '어떻게'는 사방으로 자라는 가지와 같다. '어떻게'는 항상 변한다. 모든 새로운 활동(사실상 일일 계획표상의 모든 일정)이 당신의 행동 방식을 통해 임무를 완수할 기회가 된다.

흔히 우리는 임무를 소명이나 천직으로 생각한다. 그러나 임무는 자의 또는 타의에 의해 수행하는 과업일 뿐이다. 그러므로 날마다 해야 할 일을 임무라고 생각하라. 임무를 완수하게 하고 목적에 따라 살게 해주는 기회는 날마다 새롭게 주어진다.

만약 생활에 활력이 없거나 임무 수행이 다람쥐 잡기처럼 어렵게 느껴져도 속상해하지 말자. 당신이 '무엇'(핵심 가치)을 찾으려 하지 않고, '왜'(목적)를 파악하기 위해 '무엇'을 사용하지 않으면, 당신의 '어떻게'는 산만하고 혼란스러워진다. 심지어 큰 목표를 달성해도 아무런 감흥을 못 느낄 수도 있다. 이런 일은 당신의 임무와 목적이 같은 방향이 아닐 때 일어난다.

당신의 목적은 당신의 삶의 이유이다. 자신의 목적을 스스로 정의하는 일이 중요한데도, 실제로 그것을 실행하는 사람은 극히 일부이다.

당신은 인생의 목적이 무엇인지, 왜 그렇게 선택했는지, 어떻게 날마다 그것을 실현할지 등을 간결한 문장 하나로 표현할 수 있는가?

문장으로 표현하지 못한다고 해도 괜찮다. 그런 사람이 99퍼센트나 되니까. 그러한 이유를 어떤 사람들은 '우리의 목적이 사는 동안 계속 바뀌기 때문'이라고 생각한다. 사람이 나이가 들고 점점 현명해질수록 행동의 이유가 바뀐다는 것이다. 그러나 그것은 전혀 사실이 아니다. 그렇게 생각한 사람은 목적과 임무를 혼동한 것인데, 임무는 항상 변하지만 목적은 결코 변하지 않는다.

혹시 당신은 갓 은퇴한 사람들 중 은퇴 후에 더 바쁘게 사는 사람이 얼마나 많은지 알고 있는가? 이들은 정의되지 않은 목적을 달성하기 위해 아주 다양한 방법들을 시도한다. 명확한 목적 없이 수단만 가진 사람은 벌거벗은 사람들 주변을 날아다니는 모기보다 바쁜 법이다. 자신의 목적을 파악하려면, 스스로 어려운 질문을 던지고, 불편한 답을 받아들이며, 필요한 증거를 찾고, 찾아낸 정보를 사용할 용기를 길러야 한다. 이것은 두려운 여정처럼 보이기 때문에 대부분의 사람들이 아예 첫발도 떼지 못한다.

그래서 놓치는 기회가 얼마나 많은가!

기꺼이 자신의 검은 양을 찾아 나서서 그것을 발견하고 돌보는 사람은 인생을 주도적으로 살 수 있다. 이런 사람은 성공을 행운이나 우연에 기대지 않는다. 자신의 검은 양 가치관을 언제 어디에서 드러낼지 신중하게 계획을 세우고, 자신이 선택한 목적을 달성하기 위해 그 가치관을 활용한다.

당신에게는 검은 양 가치관이 있는가?

내게는 없었다. 나는 인생에서 끔찍한 일을 경험한 후에야 내 검은 양을 발견할 수 있었다. 그 일은…… 큰 아들의 암 투병이었다. 그 괴롭던 순간에 나는 잘못된 결정을 했고, 지금까지 그 대가를 치르는 중이다. 당신은 나와 같은 경험을 하지 않아도 된다. 아무리 크고 강력한 폭풍이 닥쳐도 결코 무너지지 않게 튼튼한 기초를 쌓도록 내가 돕겠다.

나는 당신이 이 책을 길잡이나 지침서로 삼아 충만한 삶을 살 수 있게 되기를 바란다. 충만한 삶을 향한 여정에 필요한 정보들이 이 책 안에 있다. 이 책을 읽고 나면, 다음과 같은 일을 할 수 있다.

- 인생의 길잡이가 될 핵심 가치, 즉 자신의 검은 양 가치를 발견할 수 있다.

- 자신의 핵심 가치를 활성화함으로써 자신의 목적을 선택할 수 있고, 나아가 목적의식을 가지고 살 수 있다.

- 언제 어디에서 어떻게 자신의 검은 양 가치를 효과적으로 드러낼지 신중하게 계획을 세울 수 있다.

- 당신이 태어난 이유, 그 자체로 경외심을 불러일으키는 존재로 살 수 있다.

어쩌면 지금 당신은 당장 자리를 박차고 일어나, 지속적인 성공을 위한 행동에 나서고 싶을지 모르겠다. 아니면 상실감을 느끼고 무기력에 빠져서, 어디로 가야 할지 어떤 사람이 되고 싶은지 전혀 갈피를 못 잡고 있을지도 모르겠다. 당신이 어느 쪽이든, 이 책은 답을 찾고, 진실을 받아들이며, 자신의 검은 양을 당당하고 자유롭게 뛰놀게 해줄 방법을 안내하는 길잡이가 되어 줄 것이다.

만약 당신이 나와 같은 사람이라면, 즉각적인 성과를 기대하며 이 책을 계속 읽을지 말지를 고민할 것이다. 나도 다 안다. 하지만 약속하건대, 이 책이 (반만 먹어도 바로 만족감이 몰려오는 땅콩버터 샌드위치는 아니지만, 어쨌든) 결코 시간 낭비는 아닐 것이다. 중요한 내용에 집중하면 좋은 결과를 얻게 될 것이다.

반드시 변화가 일어날 것이다. 이것이 내 제안이다.

제안을 받아들일지 말지는 이제 당신이 결정할 차례다.

차례

1장

무의식적 창조자

"이제 깨어날 시간이다"

2장

좋은 결정

"결과는 어떤 선택을 하느냐와 무관하다"

3장

목적에 대한 거짓말

"목적은 수수께끼가 아니라 선택이다"

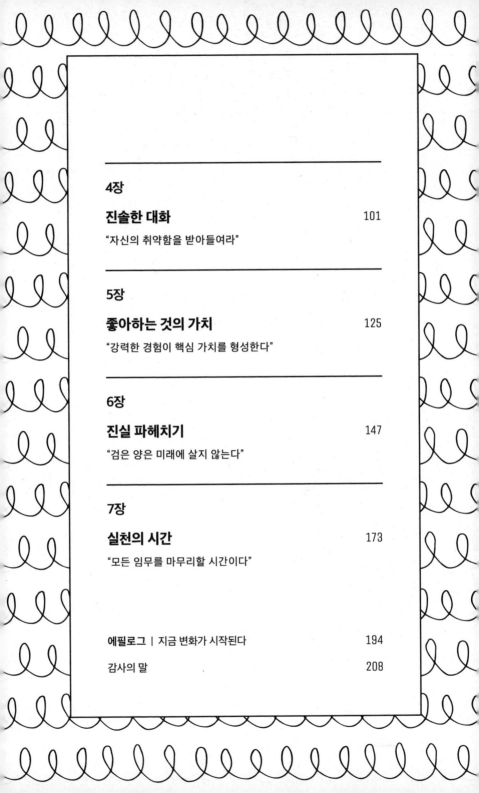

Unconscious
Creators

무의식적 창조자

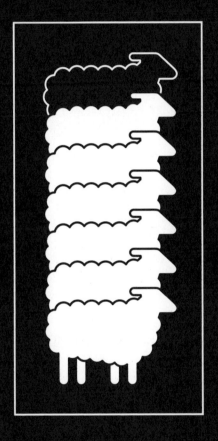

"이제 깨어날 시간이다"

'의식적으로' 어떤 일을 하기 위해서는 자신의 목적이 무엇인지, 핵심 가치를 명확히 정의해야 한다. 즉, 자신의 검은 양 가치를 찾아야 한다. 대부분의 사람들은 책임지기를 싫어하므로, 그렇게 하지 않는다. 책임은 우리가 사랑하는 무한한 자유와 정면충돌한다. 그러나 만약 당신이 자신의 검은 양 가치를 발견하지도 못하고 그것을 활성화하지도 못한다면, 의식적으로 행동할 수 없다. 결국 자신의 핵심 가치를 정의하지 못한다면, 당신은 무의식적인 창조자로서 계속해서 즉흥 연기를 하며 살아갈 수밖에 없다.

19세기 중반에서 20세기로 넘어갈 무렵, 미국의 인구는 폭발적으로 증가했다. 국가로부터 제공받은 무궁무진한 기회 덕분에 시간과 돈에 여유가 생기자, 미국인들은 그 둘을 소비할 방법을 찾기 시작했다. 때마침 연극의 인기가 높아지고 있었고, 사람들의 유흥 수요도 증가함에 따라, 이에 부응하고자 미국 내에 수천 개의 극장이 들어섰다.

이 무렵 배우들은 수많은 배역을 소화하느라 애를 먹었고, 병이 났거나 준비가 덜 된 동료를 대신해서 수시로 무대에 서야 했다. 연극 공연 특성상 마지막까지

돌발 상황에 대비해야 했으므로, 배우들은 공연이 진행되는 내내 무대 뒤에서 대사 연습을 해야만 했다. 배우들이 무대 뒤^{the wings}에서 미친 듯이 대사를 외운다고 해서, 이런 관행을 '즉흥 연기^{winging it}'라고 불렀다.

그로부터 125년이 지난 지금, 놀랍게도 사람들은 긴급 상황이 아닌 일상에서도 수시로 그런 즉흥 연기를 펼친다. 즉, 자기 안에 깊숙이 뿌리를 내려 인생의 길잡이가 되어 주는 핵심 가치에 따르지 않고, 한바탕 휘몰아치는 감정의 소용돌이에 휩쓸려 성급한 결정을 내리고 마는 것이다. 그러는 동안 그 선택의 결과가 자신의 경력에 보탬이 되고, 괴로운 마음을 달래주며, 헐거워진 관계를 단단하게 해주리라 기대한다.

우리는 매일 아침 출근해서 자신의 일과 사생활에 영향을 미칠 수백 개의 결정을 내려야 하지만, 자신의 검은 양 가치를 전혀 파악할 수 없다면, 당신은 즉흥 연기를 하고 있는 셈이다.

인생이라는 무대의 뒤편에서 길을 찾아 헤매다 일

생일대의 공연이 사라지려는 순간, 당신은 극도로 흥분해서 아무렇게나 결정해버리고 만다.

어쩌면 이 말이 불쾌한 독자도 있을 것이다. 어떻게 감히 내 인생의 목적과 삶의 방식에 의문을 제기하느냐고 따질 수도 있을 것이다. 아니면 즉석에서 인생관을 뚝딱 만들어 낸 다음, 그것을 내보이며 이렇게 외칠지도 모르겠다.

"보이나요? 나도 내가 무엇을 중요하게 생각하는지 잘 알고 있다고요!"

하지만 정말 그런가? 당신은 스스로 절대 타협할 수 없는 가치가 무엇인지 정확하게 말할 수 있는가? 살면서 그 가치를 행동으로 옮겼던 다양한 경험담을 들려줄 수 있는가? 그 가치들이 당신에게 왜 중요한지, 그 이유를 구체적으로 설명할 수 있는가? 그리고 어떻게 매일 의식적으로 그것을 지키고 있는지 말해줄 수 있는가?

이 모든 질문에 그렇다고 대답할 수 있는 사람은 많지 않다. 그리고 거기에는 컴퓨터를 망가뜨리는 사이버

"목적의식 없이 사는 사람은
즉흥 연기를 하고 있는 것이다."

바이러스처럼, 나라 곳곳에 만연해 있는 문제의 근원이 있다. 한마디로, 내 안의 검은 양이 길을 잃었다.

만약 내일 사무실에서 상사가 당신에게 내년도 회사 목표를 보여 주며 그것을 달성하기 위한 실행 계획을 세우라고 지시한다면, 당신은 뭐라고 말하겠는가? 상사를 똑바로 쳐다보며, "저, 아무래도 즉흥적으로 만들어야 할 거 같습니다."라고 말하겠는가? 당연히 그렇지 않을 것이다! 그렇게 말하는 사람은 당장 새 직장을 알아봐야 할 것이다. 당신은 상사에게 근거 자료를 첨부해서 계획안을 제출할 것이고, 목표 달성을 위한 세부 일정도 자신 있게 밝힐 것이다. 진취적인 사람은 조직에서 그런 식으로 일한다.

그러나 대부분의 사람들이 사생활에서는 미래 계획을 세우는 데 공을 들이지 않는다. 직장에서 상사에게 보여주던 존경심을 스스로에게는 품지 않는다. 왜 그럴까? 그것은 책임감을 느끼지 못하기 때문이다.

바로 그런 이유 때문에, 체중 감량이나 금연에 실패

하고 저축도 하지 못한다. 이런 예는 얼마든지 찾을 수 있다. 그런데 책임감보다 훨씬 더 골치 아픈 문제는 바로 그 문제의 근원이 당신에게 있다는 사실이다. 사람들은 대개 자신의 성공과 실패에 대한 책임이 자신에게 있다는 사실을 받아들이지 않는다.

그러나 당신은 현실에서 벌어지는 모든 상황에 책임을 져야 한다. 직장에서 회사의 목표와 예산, 마감 기한 등에 맞춰 일을 진행해야 하는 것처럼 말이다. 테스트 절차 명세서가 저절로 만들어지겠는가? 당신은 업무와 관련된 모든 책임을 인정해야 한다. 직장인은 소속 회사의 내규에 맞게 업무를 해야 한다.

그렇다면 나만의 규칙은 어떨까? 나 자신이 되기 위해서 따라야 할 규칙이란 무엇일까? 내게 가장 중요한 규칙들은 내 안의 검은 양 가치관에 근거해서 세울 수 있다. 그런 가치관은 죄책감 없이 원하는 일을 수락하고 원치 않는 일을 거절할 자유를 준다. 좀 더 중요하게는, 목적이 있는 삶을 살게 하고 즉흥 연기를 멈추게 한다.

인생에서 다양한 변화를 경험하기 위해서는 목적을 세우는 것과 목적에 따라 행동하는 것의 차이를 명확히 이해해야 한다.

목적의식을 가져라

지난 20년간 나는 대부분의 시간을 음악과 관련된 일을 하며 보냈다. 사실 나는 록 스타를 꿈꾸며 음반 계약을 맺기도 했고, 기독교 음악 시장에서는 '포트 패스터^{Fort Pastor}'라는 그룹의 리더로서 전 세계를 누비며 연주 활동을 벌였으며, 그 후인 2009년에는 JT 킬과 함께 대중적인 블루스 록 밴드인 '빅 케틀 드럼^{Big Kettle Drum}'을 결성했다. 2017년 여름, 우리는 '더 텍스톤스^{The Textones}' 멤버이자 전설적인 가수들의 음반을 제작했던 칼라 올슨^{Carla Olson}과 다섯 번째 앨범인 〈I Thought You'd Be

Bigger〉를 녹음하기 위해 로스앤젤레스에 갔다. 순수주의자였던 나와 JT는 우리의 독창적인 톤을 앨범에 담아내고 싶다는 욕심에, 올랜도부터 로스앤젤레스의 녹음실까지 장비를 차에 싣고 직접 운전해 갔다. 무더운 한 주가 지나는 동안, 우리는 건반주자 배리 골드버그Barry Goldberg, 베이시스트 토니 마시코Tony Marsico, 드럼주자 돈 헤핑턴Don Heffington 등 전설적인 음악가들과 녹음을 진행했다. 우리에게는 이런 유명 연주자들과의 작업이 일생일대의 경험이었다. 한번 찾아보라……. 이들이 지금까지 함께 작업한 연주자들의 면면을 보면, 이 녹음 작업이 얼마나 놀라운 사건이었는가를 알 수 있다.

녹음을 마친 후, 우리는 도저히 믿기지 않았던 경험의 여운에 취한 채 국토 횡단이나 다름없는 긴 귀갓길에 올랐다. 밤샘 운전 후 새벽 6시가 되었을 즈음, 뉴멕시코 주 경계를 지날 때였다. 떠오르는 해 때문에 앞이 잘 보이지 않았다. 긴 거리를 운전하는 내내 도로에는 우리 차만 보였다. 그런데…… 아니었다. 한 대가 더 있었다. 바로 경찰차였다.

경찰관이 차를 세우고 우리 차로 걸어오는 동안, 나는 긴장해서 JT에게 대체 왜 경찰이 우리 차를 세우느냐고 물었다. 나는 과속으로 주행하지도 않았다. 그럼, 미등이 나갔나? 아니면 자동차 번호판 스티커가 만료됐나? 혹시 저 경찰이 우리 차 트렁크에 시체가 있을지 모른다고 생각했을까?

"지금 1차선으로 주행하신 거 알고 있나요, 선생님?"

경찰관이 물었고, 그때 나는 이렇게 생각했다.

'흠…… 그랬나. 그게 뭐 어때서? 어차피 주변에 차도 없는데.'

경찰관이 다시 말했다.

"우리 주에서는 추월할 때를 제외하고 1차로 주행은 위법 사항입니다."

나는 몰랐다고 대답했고, 다행히 경고 조치만 받고 현장에서 벗어날 수 있었다. 나는 재빨리 차선을 바꾸고, 집까지 가는 내내 절대 차선을 변경하지 않았다.

이 이야기의 요지는 이렇다. 나는 우리가 가고 있는 길과 최종 목적지를 알고 있었다. 목적지에 도착하기 위한 계획은 있었지만, 어떤 목적의식을 가지고 행동하고 있지는 않았다. 즉, 그때 나는 멍한 상태에서 맞는 방향으로 가고 있었지만, 교통법규는 무시한 채 잘못된 차로로 주행하고 있었다.

이 일화는 많은 사람이 인생에서 무언가를 선택하는 방식을 잘 보여준다. 자신의 핵심 기준을 지키지 않는 사람은 어떤 일에도 스스로 책임지지 않는다.

자신의 규칙을 잘 아는 사람이 일부러 그것을 어기겠는가? 규칙을 알고도 규칙 위반을 즐기는 사람은 별로 없다. 자신의 규칙을 지키기 위한 첫 단계는 그 규칙이 무엇인지 제대로 파악하고, 의식적인 창조자가 되어 인생을 사는 것이다.

무의식적인 창조자는 원했던 방향으로 갈 수는 있을지언정 의식적으로 목적지에 이른 것은 아니다. 그러

"당신에게 중요한 수많은 가치 중에서
절대 양보할 수 없는 것은 무엇인가?
그것이 바로 당신이 타협할 수 없는 가치이다."

므로 목적지에 도착하려면 '행운의 여신'이 찾아와 끝까지 함께 해주기를 기도해야 할 것이다. 당신은 그런 삶을 원하는가? 순전히 우연과 행운에 기대는 삶을? 맹목적으로 남의 꿈이나 좇는, 다수의 흰 양이 되고 싶은가? 그렇다면 그저 목적만 있으면 된다.

하지만 단순한 목적이 아닌 '목적의식'이 분명한 삶을 살고 싶다면, 내 안의 검은 양을 찾고 그 내용을 파악해야 한다. 목적의식은 자신에게 중요한 여러 가치 중에서 절대로 타협할 수 없는 것을 구분하게 해준다. 장담하건대, 만약 중요한 것의 목록을 빠짐없이 작성해서 그것 모두에 똑같이 우선순위를 부여한다면, 당신은 우왕좌왕 갈피를 잡지 못할 것이다. 중요한 가치가 오십 개라면, 어떻게 그것들을 전부 지킬 수 있겠는가? 그렇게 하는 사람도 없지만, 그렇게 할 수도 없다. 그런데도 그렇게 하고자 노력한다면, 자신의 완벽한 목적이 어긋났음을 깨닫고 부족함과 부끄러움 그리고 우울감과 불안감을 느끼게 될 것이다.

이제 자신을 무리 가운데에서 돋보이게 해줄 가치를 찾을 준비가 되었는가? 자신이 가진 힘을 변화시킬 생각이 있는가?

내 친구 중 하나는 이따금 "나눔 기간philanthropy days"이라는 말로 나를 자극하곤 하는데, 그 시기는 나보다 다른 사람의 어려움을 먼저 살피는 기간이다. 스케줄이 빼곡한 사람은 숨이 막혀서 삶을 향상시키는 일들에 시간과 에너지를 쏟기 어렵다. 이런 상황을 내 친구는 이렇게 표현했다.

"네가 사다리를 한 단 한 단 오를 때마다 새로운 기회가 생겨. 그러나 발판에 발을 안전하게 올려놓기도 전에 밑에 있는 사람들을 끌어 올리려고 손을 뻗으면, 그들의 무게 때문에 도로 아래로 떨어질 거야."

다른 사람을 제대로 도우려면 때로 자기 자신을 먼저 살펴야 한다. 자신의 잠재력을 충분히 활용할 수 있을 때, 사랑하는 사람들과 세상에 미치는 영향력이 극대화된다.

검은 양의 교훈

의식적인 창조자가 되어
즉흥 연기를 그만둔다.

왜Why

목적의식 없이 산다면,
성공은 우연이나 행운에 좌우되기 때문이다.

어떻게How

내 안의 검은 양을 발견하려면,
적당히 중요한 것과
절대로 타협할 수 없는 것을 구분해야 한다.

Good
Decisions

2장

좋은 결정

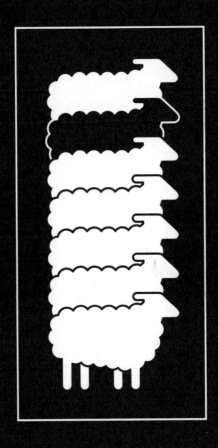

"결과는 어떤 선택을 하느냐와 무관하다"

좋은 결정은 지속적이고 일관된 성공의 열쇠다. 이 문장과 관련해서 가장 흔한 오해는 '좋은' 결정을 이루는 요소에 대한 것이다. 대부분의 사람들은 좋고 나쁨을 결과로 판단하지만, 결정의 질은 통제할 수 없으므로 그 결과와 무관하다. 당신이 통제할 수 있는 것은 목적의식뿐이다. 다음에 소개할 '의사결정사슬'을 따른다면, 매 순간 당신은 좋은 선택을 할 수 있게 되고, 그러면 성공은 자연스럽게 따라올 것이다.

커피는 내가 정말 좋아하는 차로, 나는 커피의 모든 것을 사랑한다. 원두의 그윽한 향도, 꼴꼴 커피가 추출되는 소리도, 추출된 커피의 진한 갈색도 모두 사랑스럽다. 나는 매일 아침 커피의 첫 모금을 마실 때마다 거의 집착 수준으로 원두의 원산지며 품종이며, 세부 사항을 꼼꼼히 따져본다.

나는 다년간의 경험을 통해, 꾸준히 좋은 커피를 마시기 위해서는 다음의 세 가지 규칙을 지켜야 한다는 사실을 깨달았다.

첫째, 품종을 알아야 한다. 이 원두가 어디에서 재

배되었는가를 따져봐야 한다는 의미다. 품종을 알고 마시다 보면 내가 좋아하는 원두를 알 수 있다.

둘째, 원두 재배 과정이 윤리적이고 공정한가를 확인해야 한다. 커피 산업은 원두를 재배하는 과정에서 노동을 착취하는 것으로 악명이 높다. 나는 최빈국에 투자를 아끼지 않고 그곳의 노동자에게 최저 임금은 지급하는 기업에서 생산하는 커피를 마시려고 한다. 또한 로스팅하는 사람이 자식을 대하듯 원두의 잠재력을 최대로 끌어내기 위해 노력하는가도 알고 싶다(이미 말했듯이, 커피에 대한 내 관심은 집착에 가깝다).

셋째, 마시는 사람의 기분 상태도 중요하다. 마음이 언짢거나 화가 나 있다면 최고의 커피라도 쓰게 느껴질 것이므로, 온갖 트집을 잡아 커피를 버리고 말 것이다.

그러므로 이 세 가지 기준만 잘 지킨다면, 최고의 커피를 즐길 수 있다.

어느 날 친구와 커피 이야기를 나누던 중, 그가 좋은 커피 한 잔을 마시려고 '그 모든 것'을 따진다면, 좋은 결정을 내리기 위해서는 무엇을 고려해야 하느냐며 나를 놀렸는데…… 그때 생각의 씨앗이 뿌려졌다. 인간의 행동에 관해 연구하고 강의하고 글을 쓰는 사람으로서, 나는 좋은 결정을 내리게 하는 요인과 그것을 꾸준히 가능하게 하는 방법을 연구하기 위해 토끼 굴을 파헤치기 시작했다. 놀랍게도, 내 커피 규칙은 인간의 선택에 관한 내 연구 결과와 상당히 흡사했다.

좋은 결정을 하려면 다음의 세 가지를 기억해야 한다.

- 핵심 가치(타협할 수 없는 것)를 파악하라.
- 모든 사실을 고려하라.
- 순간의 감정을 존중하라.

나는 이것을 '의사결정사슬decision supply chain'이라고 부른다. 과정은 아주 간단하다. 좋은 결정을 내리는 과정에는 세 가지 기본 단계가 있다. 각 단계를 모두 거치고

"'의사결정사슬'이란 핵심 가치를 파악하고,
모든 사실을 고려하며,
순간의 감정을 존중해서 결정을 내리는 과정이다."

나면, 결과와 상관없이 올바른 결정을 내릴 수 있다.

이것을 발견했을 때 나는 마치 세계 최대 문제 중 하나를 해결한 것 같은 기분이 들었다. 그래서 나는 강연에서 이 결과물을 공개한 다음, 넷플릭스Netflix 특집으로 〈무브 오버, 브레네move over, Brené〉를 기획하고 오래전에 약속해 둔 『타임Time』의 커버스토리 관련 전화를 기다리면서, 전 세계적으로 획기적인 변화가 일어나는 모습을 상상했다.

하지만 솔직히 강연 후에 일어난 일은 전혀 예상 밖이었다. 나는 기립박수를 받으며 강연장을 떠났고, 수많은 사람들이 내 강연 덕분에 "인생이 바뀌었다."는 메시지를 보내왔으며, 여기저기에서 강연 요청이 쇄도했다. 이제 앞으로 더 좋은 변화가 일어날 것이라 생각했다.

그런데 아무 일도 일어나지 않았다. 어떤 대단한 변화도, 세상을 뒤흔드는 사건도 일어나지 않았다. 문화혁명으로 이어질 만한 좋은 결정들이 한꺼번에 쏟아지는 일도 없었다. 대체 무엇이 일의 진척을 막고 있을까?

왜 사람들은 그토록 열망하던 충만한 삶을 살지 못하는 걸까? 나는 인생을 바꾸는 데 필요한 핵심 요소들을 제시했다. 가능한 모든 수단을 동원했다. 단계별 지시 사항도 제공했다. 그러나 내가 기대했던 혁명은 감감무소식이었다. 무엇이 문제일까?

어느 날 아침, 나는 코코아 빌리지 시내에 있는 작고 예스러운 카페의 창가에 앉아 싱글 오리진 드립 커피를 마시면서, 불안한 하루를 시작하기 전 정신을 차리려 애쓰는 행인들을 바라보고 있었다. 바로 그때 문제의 답이 떠올랐다.

내가 꿈꿨던 변화가 일어나지 못한 원인은 사람들이 첫 단추도 끼우지 못했기 때문이었다. 즉, 사람들은 의사결정사슬의 첫 단계인 핵심 가치도 제대로 파악하지 못하고 있었다.

핵심 가치와 검은 양 가치는 타협할 수 없다는 사실을 떠올려 보자. 당신에게 명확한 핵심 가치가 없다면, 무엇에 근거해 결정을 내리겠는가? 잘 모르겠다고 대답하는 소리가 어디선가 들리는 것 같다. 그럼, 이제 감정에 대해 말해보겠다.

감정은 결정 과정에 중요한 역할을 하지만, 내 안의 검은 양 가치와 내가 느끼는 감정 사이에서 벌어지는 줄다리기는 좋은 결정을 내리기 위한 핵심 요소가 된다. 당신이 자신의 핵심 가치를 발견하고 그것을 소중히 다룬다 하더라도, 감정은 헤라클레스처럼 강력해서 크랙crack● 중독이나 북한 문제 같은 심각한 이슈에 대해 최악의 결정을 내리게 할 수 있다. 의사 결정 과정에 감정을 개입시키는 일은 추수감사절 저녁 식사 때 술 취한 삼촌에게 감사 기도를 부탁하는 경우와 같다. 즉, 위험하다는 말이다! 감정은 끊임없이 변하기 때문에 그것만을 결정 기준으로 삼아서는 안 된다. 감정만 고려하면 최악의 결정을 내릴 가능성이 높아진다.

나는 그 위험성을 아주 잘 아는데, 그 이유는 아직

● 코카인의 일종인 강력한 마약

도 내가 일생일대의 실수를 만회하는 중이기 때문이다.

2012년 우리 큰 아들 테오는 골수형성이상증후군이라는 희귀 혈액암 진단을 받고, 골수 이식 수술을 받았다. 다행히 적합한 골수 공여자를 금세 찾은 덕분에 테오는 2012년 8월 12일에 이식 수술을 받았지만, 우리 가족은 올랜도 플로리다 병원의 소아암 센터에서 263일간 악몽의 시간을 보내야 했다.

이식된 골수가 테오의 몸에 적응하기를 기다리는 동안, 우리 부부는 의료진으로부터 이식편대숙주질환 graft-versus-host disease, GVHD이 발생할 수 있다는 말을 들었는데, 이것은 이식된 골수가 적응에 실패해서 몸을 공격하는 질환이다. 모든 골수 이식 환자는 4단계로 진행되는 회복기에 GVHD를 경험한다. 대부분은 1, 2단계 때 증상이 나타났다가 곧 회복된다. 만약 4단계까지도 그 증상이 계속되면 위험해지는데, 과잉성취자였던 테오의 경우는 9단계까지 지속될 기세였다. 테오는 온갖 증상에 시달리다 생명마저 위태로워졌다. 이제 최후 수단을 쓸

차례였다. 즉, 면역계를 억제하고 최선의 결과가 나타나기만 바랄 뿐이었다. 그런데 안타깝게도 이 치료법은 환자를 감염의 위험에 빠뜨리는데, 테오가 그런 상황에 직면했다.

면역계를 억제했더니, 테오는 털곰팡이증^{mucormycosis}이라 불리는 치명적인 감염증에 걸리고 말았다. 이 감염증을 치료하려면 신체가 곰팡이균과 싸우도록 체내 면역계를 활성화시켜야 한다. 하지만 테오에게는 이 치료법을 쓸 수 없었으므로, 우리는 진퇴양난에 빠지고 말았다. 그 두 치료법은 제로섬 게임이나 마찬가지였다.

2013년 3월 23일, 결국 의료진이 우리 부부를 한쪽으로 데려가더니 어느 치료법을 택하든 아이에겐 치명적이라고 말했다. 의료진은 테오가 그날 밤을 넘기지 못하리라 예상했는지, 우리에게 작별 인사를 준비하라고 했다.

머릿속에서 폭풍우가 휘몰아쳤지만, 피할 곳을 찾을 수 없었다. 나는 아내의 손을 잡고 흐느끼며, 작은

"끊임없이 변하는 감정이 삶의 균형을
무너뜨릴 수 있다. 그때 우리 안의 검은 양이
흔들리지 않게 붙잡아준다."

아들인 브래디에게 작별 인사를 준비시키기 위해 테오의 병실로 향했다. 테오의 침대맡에 앉았을 때 나는 최악의 결정을 하고 말았다. 아이에게 작별 인사를 한 것이다. "보고 싶을 거예요, 아빠."라고 속삭이는 자식의 말을 듣는 일은 부모에게 평생 잊히지 않는 가슴 아픈 경험이다. 아이의 목소리가 뇌리에서 떠나지 않기 때문이다.

그런데 기적 같은 일이 일어났다.

그날 밤 우리가 있던 병원에서 2,400킬로미터나 멀리 떨어진 뉴햄프셔에 살던 내 동생 토드는 테오의 소식을 듣고는 큰 슬픔에 빠졌다. 그런데 테오에게 전화로 작별 인사를 한 후 토드가 벌인 일이 우리 가족의 인생을 송두리째 바꾸어 놓았다. 그는 테오의 상태를 설명하는 포스터를 직접 만든 후 그것을 들고 도움을 청하는 영상을 촬영해서 유튜브에 업로드했다. 밤새 영상 조회 수가 50만회에 이르렀고, 전 세계에서 돕고 싶다는 전화가 줄을 이었다. 그중에는 테오와 같은 특수 상황을 경험해 본 훌륭한 의사들도 있었다.

알고 보니, 테오의 의료진이 생각한 제로섬 게임은 전혀 사실이 아니었다. 동시에 두 질병을 다스릴 수 있는 실험적 치료가 있었는데, 의료진은 그 치료법을 전혀 몰랐던 것이다.

그 당시 나는 내 안의 검은 양을 찾을 여유가 없었으므로, 핵심 가치에 근거해서 나쁜 행동을 걸러낼 방법을 알지 못했다. 나는 기분대로만 행동했고, 검은 양 가치관에 따라 감정을 다스리거나 어려운 질문을 던져 보거나 가족이 처한 상황의 실상을 파악하려 하지 않았다. 감정에 휘둘려 더 큰 진실이 존재할 가능성을 보지 못했던 것이다.

때로 주변에 보이는 진실은 제한적이다. 나는 그것이 부동산 애플리케이션에서 집을 찾는 일과 비슷하다고 생각한다. 검색 범위를 너무 좁히면, 제한된 결과만 얻는다. 가능성을 제대로 인지할 수 없다. 그러나 검색 범위를 조금이라도 넓히면, 검색 결과의 수는 현저히 늘

"사실은 당신이 설정한 경계 너머에도
존재할 수 있다. 사실을 제대로 파악하려면
검색 범위를 넓혀야 한다."

어난다. 바로 이 점이 의사결정사슬의 두 번째 요소가 중요한 이유이다. 우리는 보이는 사실뿐만 아니라 가능한 모든 사실을 고려해야 한다.

24시간 동안 내 동생의 영상이 전 세계로 퍼져나가는 동안, 우리 부부는 테오를 살리기 위해 말도 안 되는 계획을 세웠다. 그중에는 기계를 빠른 속도로 돌려서 혈액에서 적혈구와 백혈구를 분리하고, 이렇게 분리된 백혈구에 자외선을 쪼이는 방법도 있었다. 이 방법으로 모든 문제의 원인인 T세포를 죽이면, 실낱같은 희망이라도 품을 수 있었다.

기적처럼 그 치료법은 효과가 있었다. 테오는 회복되기 시작했고, 몇 달 후에 퇴원할 수 있었다. 지금 테오는 그래픽 디자이너가 되었으며, 얼마 전에는 스물일곱 번째 생일을 맞았다. 사실 이 책의 표지에 등장하는 검은 양 로고*도 테오의 작품이며, 검은 양 가치를 핵심 가

●   원서 『Black Sheep』 표지의 검은 양 로고

치로 삼았을 때 가능해지는 일들을 잊지 않기 위해 나는 이 로고를 내 오른쪽 팔뚝에 그려 넣었다.

악몽과도 같은 끔찍한 상황에서 우리 부부는 동화 같은 결말을 기대할 수 없었다. 의료진이 작별 인사를 권했을 때, 우리의 감정은 다른 가능성들을 모두 막아버리고 말았다. 무너져가는 현실 속에서 어떻게 동화를 믿겠는가? 마음이 무너지면 동화를 상상할 여유가 없어진다. 절망의 순간은 최악의 결정을 낳는다. 테오의 침대맡에 앉아 작별 인사를 했던 기억 때문에 그 이후에도 오랫동안 나는 수많은 밤을 편히 잠들지 못했다. 내 뇌리에서 무한히 반복되던 질문은 이것이었다.

'혹시 테오는 내가 자기를 포기했다고 생각했을까……'

그때 나는 내 안의 검은 양을 알지 못했기 때문에, 끔찍한 결정을 내렸다. 그것을 알았더라면, 테오와의 대화는 완전히 달라졌을 것이다. 삶의 전반에 미치는 긍정적인 영향력은 오직 불굴의 희망을 품을 때에만 가능하다(이제 당신은 내 핵심 가치가 무엇인지 알았을 것이다).

내가 이 책을 쓴 이유는 바로 그 희망 때문이다. 당신도 그 희망을 믿기 바란다. 어쩌면 지금 당신은 실패로 얼룩진 삶을 자신의 잘못된 결정 탓으로 생각할지도 모르겠다. 충분히 이해할 만하다. 누구나 그렇기 때문이다. 그러나 내 이야기가 증명하듯, 결과는 당신이 내린 결정의 옳고 그름과 무관하다. 그러니 글러브를 벗고, 구석으로 가서 가쁜 숨을 가라앉혀 보자. 영화 〈록키3〉에서 록키 발보아가 클러버 랭에게 했던 말을 당신에게 해주고 싶다.

"그렇게 나쁘진 않았어! 괜찮았다고!"

당신의 판단 기준은 무엇인가?

당신은 자신이 바람직한 결정을 내렸다는 사실을 어떻게 아는가? 만약 당신이 작년에 내가 조사했던 수

천 명의 사람들과 비슷하다면, 아마도 이렇게 대답할 것이다.

"결과가 좋았으니까요!"

"사람들이 그 결정에 즐거워하니까요."

"기분이 좋았거든요!"

"아무도 상처받지 않았으니까요!"

강연에서 질문을 할 때마다 나는 위와 같은 대답들을 듣곤 하는데…… 전부 틀린 답이다. 결과로 결정의 옳고 그름을 판단하는 일은 행동 과학자들이 '결과 편향outcome bias'이라고 부르는 행동이다. 개인과 조직 모두 결과로 중요한 결정을 평가하는 잘못을 저지른다. 실제로 많은 조직에서 직원 개인의 실적만 보고 승진 여부를 결정한다. 이것은 위험한 관행인데, 그 이유는 아무도 결과를 통제할 수 없기 때문이다.

〈반지의 제왕〉 속 간달프나 〈오즈의 마법사〉 속 글

"결과와 판단을 결부 짓는 행동은
자승자박이 될 수 있다."

린다가 아닌 이상 누구도 결과를 통제할 수 없다. 당신이 통제할 수 있는 것은 오직 의사 결정 과정에 개입하는 목적의식뿐이다. 한번 내려진 결정은 이미 결정자의 손을 떠난 것이다.

당신이 통제광이라면, 방금 읽은 내용을 생각만 해도 손에 땀이 나고 몸이 떨릴 것이다. 나 역시 마찬가지이다. 결과를 통제할 수 없다니, 얼마나 두려운 일인가.

결과를 통제하기보다 자신의 검은 양 가치를 찾고 모든 사실을 파악하며 순간의 감정을 존중하려 한다면, 결과에 연연하지 않고 원하는 것을 쉽게 얻을 수 있다. 이것이 바로 나의 목표이다.

나는 아들 곁에서 내 가치관과 다른 나쁜 결정을 내렸지만, 다행히 최상의 결과를 얻었다. 당신이라면 조직의 가치에는 반하지만, 어떻게든 좋은 결과를 내는 결정을 일삼는 직원을 승진시키겠는가? 그렇다면 그것은 기업 문화를 파괴하는 지름길이다.

그러므로 결과 대신 결정 방식에 집중하라. 검은 양

가치관으로 무장하고 모든 상황에 접근하라. 의사결정 사슬을 통해 자신의 핵심 가치에 근거해서 상황을 주도하라. 그렇게 하면, 자아가 밟기 쉬운 '감정이라는 지뢰밭'에서 쉽게 벗어날 수 있다.

감정과 가치관 사이의 줄다리기

의사결정사슬의 마지막 단계로서 순간의 감정을 존중하다 보면, 결정을 이행하려는 의지가 방해를 받는다. 앞에서도 언급했듯이, 감정은 결정 과정에 중요한 역할을 한다. 선택의 순간, 자신의 감정을 무시한 결정은 내면의 헐크를 자극할지 모른다. 그리고 헐크는 분노를 좋아하지 않는다. 결정 내용을 제대로 이행하려면, 감정과 가치관 사이의 줄다리기에 주의해야 한다.

한편, 결정을 내리는 순간에 검은 양 가치만 고려하고 감정을 무시할 경우, 의식하지 못했던 강력한 감정 때문에 이행 의지가 흔들릴 수 있다. 반대로 감정에 휩쓸려서 검은 양 가치를 무시하고 행동할 경우, 자신의 핵심 가치가 침범당하고 이행 능력이 위협당할 것이다.

그렇다면 만약 당신이 감정에 휘둘리고 싶지 않고 가치관도 지키고 싶다면, 둘의 줄다리기에서 어느 쪽이 승리해야 할까? 놀랍게도, 답은 승자가 없어야 한다는 것이다.

감정과 가치관 사이에는 항상 건강한 긴장 상태가 유지되어야 한다. 감정은 우리로 하여금 불확실한 미래에 끊임없이 의심을 품게 한다. 우리는 '그러면 어쩌지 what if'와 '그럴 수도 있어 could be'의 세계에 갇혀 불안감을 부추기는 결과들만 상상한다. 그러나 일생 동안 다듬어 온 가치관에 의지하면 균형을 무너뜨리지 않고 현재를 충실하게 살 수 있다. 좋은 결정을 내릴 수 있는 절호의 기회는 현재에 충실할 때에만 잡을 수 있으며, 그러려면 감정과 검은 양 가치관이 건강한 긴장 상태를 유지해야만 하는 것이다. 이는 자신의 동기를 파악할 때도 마찬

가지이다.

앞으로 빠르게 가기 전 되돌아가기

'동기'라는 말은 무서운 단어다. 그것은 SNS 게시물의 절반을 스포츠카, 비키니 모델, 고급 주택, 전용기, 와인과 치즈 등의 사진으로 채우게 한다. 동기 부여에 관한 책도 수백 권에 이르니, 우리를 움직이는 힘을 이해하는 일이 얼마나 복잡한지 충분히 이해할 만하다. 프롤로그에서 나는 '앞으로 가기 전에 먼저 뒤돌아가야 한다'고 말했었다. 이제 그와 관련된 또 다른 사례를 소개하고자 한다.

어린 아이의 동기는 두 살배기가 명예 훈장을 착용하고 다니는 모습처럼, 여과 없이 행동으로 드러나기 때문에 파악하기가 매우 쉽다. 아이들의 결정을 유발하는 동기 요인이 무엇인가를 연구하는 학자들은 종종 다음의 네 가지 행동 기능을 분석 틀로 사용한다.

감각Sensory**:** 아이는 기분이 좋아지는 행동을 하려 한다. 예를 들어, 유아는 잇몸의 통증을 줄이기 위해 얼린 치발기를 물고 싶어 한다. 무는 행동으로 원하는 감각을 얻을 수 있는 한, 아이는 계속해서 장난감을 씹을 것이다.

회피Escape**:** 아이는 내키지 않는 상황을 피하기 위해 행동한다. 예를 들어, 부모가 "브로콜리 먹자."라고 말하면, 아이는 도망가 버린다.

관심Attention**:** 아이는 사회적 상호 작용을 하기 위해 행동한다. 예를 들어, 식료품점에서 살인이 일어났다고 소리치는 아이가 있다. 만약 이 행동으로 원하던 주의를 끌었다면, 이 아이는 계속해서 소리를 지를 것이다.

물질적 보상 Tangible**:** 아이는 특정 물건을 만지거나 특정 활동을 하고 싶다는 의사를 표시하기 위해 행동한다. 예를 들어, 비디오 게임을 하고 싶다고 알리기 위해 다른 사람의 머리카락을 잡아당기는 아이가 있다. 전에도 이런 행동으로 게임 허락을 받은 적이 있는 아이는 욕구가 생길 때마다 다른 사람의 머리카락을 잡아당길 것이다.

내 경험상, 이 동기 부여 요인들은 마흔여덟 살 어른에게도 여전히 주효하다. 앞의 내용을 성인에 맞게 바꾸면, 네 가지 행동 기능은 아마 다음과 같은 모습일 것이다.

감각: 우리는 기분을 좋게 하는 행동을 하려 한다. 클라라는 공감을 핵심 가치 중 하나로 삼았기 때문에 무료 급식소에서 자원봉사 활동을 한다. 봉사 활동에서 얻는 보람은 삶의 활력소가 되어 준다.

회피: 우리는 원치 않는 상황을 피하려는 행동을 한다. 로즈

는 불쾌한 동료인 조니의 반복된 데이트 신청이 지겨워서, 사무실의 자기 자리로 갈 때마다 일부러 멀리 돌아간다.

관심: 우리는 타인의 관심을 받기 위해 행동한다. 재니스는 동료들의 주의를 끌고 싶어서, 정수기 옆에 서서 회사 내 뜬소문을 떠들어대곤 한다. 사람들이 계속해서 관심을 보이는 한, 그녀는 이 행동을 멈추지 않을 것이다.

물질적 보상: 우리는 특정 물건을 얻거나 활동을 허락받기 위해 행동한다. 예를 들어, 영업부장이 이번 달 영업 왕에게 보너스로 500달러를 주겠다고 공표한다면, 영업부 직원들은 보너스를 받기 위해 더욱 열심히 일하게 될 것이다.

결정을 유발하는 동기 부여 요인들은 종종 서로 대립하며, 이런 대립은 감정과 가치관이 벌이는 줄다리기 때문에 악화되기도 한다. 결정 동기를 파악하면, 그 결정을 이행하는 데 도움을 받을 수 있다.

가령, 나는 오토바이가 있다. 연비를 중요하게 생각하거나 실용적인 사람은 오토바이를 사지 않는다. 오토바이를 타고 달릴 때의 짜릿한 기분을 아는 사람만 오토바이를 산다. 이것은 감정 동기이다. 나는 주말에 오토바이를 탈 때마다, 바람에 머리가 날리는 순간과 코너링을 할 때 원하는 감각을 얻는다.

내가 오토바이를 탄지 얼마 되지 않았을 무렵 아내도 함께 오토바이를 타기로 했다. 나는 뒷자리에 아내를 태우고, 함께 라이딩을 즐긴다. 어느 날 오토바이를 타고 달리던 중 아내는 다른 여자들이 멋진 패치가 달린 가죽조끼를 입고 있다는 사실을 발견하고는 내게 "저건 뭐야?"라고 물었다. 나는 오토바이 동호회에 가입하면 받게 되는 패치라고 설명해주었다. 그러자 아내는 "나도 멋진 패치가 달린 조끼를 입고 싶어!"라고 말했다. 이것은 물질적 보상을 요구하는 동기이다. 아내는 오토바이 동호회의 회원임을 자랑하고 싶은 것이다.

그런데 문제가 있었다. 아내가 바라는 대로 하려

"결정을 유발하는 동기 요인을 알면,
그 결정을 쉽게 이행할 수 있다."

면, 우리 부부가 오토바이 동호회에 가입해야만 하는데, 나는 동호회 활동을 좋아하지 않는다. 솔직히 말하면, 나는 지금 회피하고 싶다! 나는 다른 회원들과 어울리고 싶지 않았고, 그냥 오토바이를 타고 싶을 뿐이다. 그래서 아내와 나의 동기 요인은 서로 대립한다. 그럼 어떻게 해야 균형을 잡을 수 있을까?

나는 내 안의 검은 양을 들여다보았다. 내키지 않지만 내 뜻을 꺾을 것인가, 아니면 아내의 요구를 묵살하고 아내를 속상하게 할 것인가를 놓고 고민하는 대신, 내 안의 검은 양을 들여다보고 내게 가장 중요한 가치가 무엇인지 판단함으로써 감정과 가치관 사이에 건강한 긴장 관계를 유지할 수 있었다. 내게 소중한 가치 중 하나는 가족이다. 그러므로 아내의 소망을 존중하고, 서로가 만족할 만한 해결 방법을 찾아야 한다.

나는 가능한 한 모든 사실을 파악하기 위해 우리 지역의 오토바이 동호회의 목록과 모임 장소 등을 조사했다. 그리고 각 동호회의 장단점을 평가한 후, 아내에

게 지역 오토바이 가게로 가서 멋진 패치와 조끼를 제공
하는 동호회에 가입하자고 제안했다. 그러면서 다른 회
원들과는 30분 정도만 함께하고, 나머지 시간에는 우
리만의 라이딩을 즐기자고 말했다. 아내는 마음껏 폼을
잡고, 나는 좋아하는 라이딩을 할 수 있게 된 것이다.
즉, 둘 다 원하는 것을 얻은 셈이다.

　의사결정사슬을 따르면 힘들이지 않고 좋은 결정
을 내릴 수 있다. 의사결정사슬은 목적의식을 갖게 해
서 바라는 일이 이루어지도록 돕는다. 그러나 목적을
이룰 수 있다고 해서 우리가 그 목적을 뚜렷이 자각하고
있다는 의미는 아니다.

검은 양의 교훈

무엇What

좋은 결정을 하려면, 검은 양 가치관을 확립해
모든 사실을 파악하고 순간의 감정을 존중해야 한다.

왜Why

결과는 통제할 수 없지만,
결정 방식은 통제할 수 있기 때문이다.

어떻게How

의사결정사슬을 활용해서
자신의 검은 양 가치관에 따르는 연습을 하라.

The Biggest Lie
About Purpose

3장

목적에 대한 거짓말

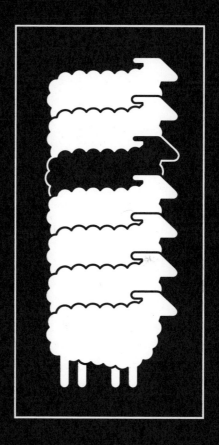

"목적은 수수께끼가 아니라 선택이다"

우리는 모두 본능적으로 자신의 목적을 알고 싶어 한다. 심지어 아리스토텔레스는 '왜'라는 질문에 답을 찾고 싶어 하는 인간의 갈망을 글로 쓰기까지 했다. 그러나 실제로 그 답을 찾는 사람은 극히 일부이다. 그 이유는 우리의 생각이 잘못되었기 때문이다. 목적은 찾는 것이 아니고, 선택하는 것이다. 의미 있는 선택을 하려면, 내가 타협할 수 없는 것이 무엇인지 파악해야 한다. 즉, 자기 자신을 독창적인 존재로 만들어주는, 다른 것에 물들지 않는 검은 양 가치를 찾아야 한다. 자신의 다섯 가지 핵심 가치를 활용하면, 자신에게 가장 중요한 것을 목적으로 선택하고 그것에 충실할 수 있다.

나는 '의식적으로^{on purpose}'라는 표현이 가장 많이 오용되는 영어 단어 중 하나라고 생각한다. 많은 사람들이 어떤 의도를 가지고 일을 할 때 이 말을 사용하는데, 나는 다르게 정의하고 싶다. 의식적으로 뭔가를 한다는 의미는 자신의 더 큰 목적(아침마다 눈을 뜨는 이유)을 이루기 위해 행동한다는 의미이며, 바로 거기에서 문제가 발생한다. 앞에서 봤듯이, 대부분의 사람들은 자신의 목적이 무엇인지 전혀 모르기 때문이다.

목적은 오늘날 아주 중요한 단어이다. 그것은 어디

에나 있다. 허슬 문화hustle culture•는 우리에게 목적을 떠올리며 새벽 4시에 일어나 비전보드vision board를 확인하게 한다. 사이먼 사이넥Simon Sinek은 조직의 지도자들에게 조직원을 격려할 때 목적을 이용하라고 조언한다. 최근 연구에서도 조직 내 결속을 강화하고 조직원의 충성도와 성과를 높이는 데 목적을 활용하는 방법이 최선임을 확인했다. 그런데 지금 우리의 목적은 너무나 원대해져서 목적을 이룰 수 있는 확률은 마치 산악인이 세계 최고봉에 오를 확률과 비슷해졌다. (일단 나는 등반을 싫어한다.) 아무튼 목적은 무언가의 존재 이유이다. 망치는 못을 박는 도구이고, 펜은 무언가를 쓰는 도구이다. 그리고 변기를 뚫는 도구는…… 굳이 설명하지 않겠다. 어쨌든 우리의 존재 목적은 실존적이고 불명확하다. 사람들은 우리의 존재 목적이 마치 신비한 무덤 속에 묻힌 고대 두루마리에 적혀 있다는 듯 행동한다.

● 사생활보다 업무를 중시하고, 열정적으로 일하기를 장려하는 문화

이제 그런 행동은 그만두자!

자신의 한계를 넘어서는 목적은 그만 설정하라. 목적을 발견하는 과정을 용감한 영웅만이 할 수 있는 위험한 모험으로 생각하지 말자. 당신은 인디애나 존스가 아니며, 그런 '헛소리 사원Temple of Bullshit'은 어디에도 없다.

내가 많은 사람들에게 목적을 발견하지 못한 이유를 물었을 때, 그들은 다음과 같이 세 가지 답을 내놓는다.

"사느라 바빠서요!"

우리의 삶은 늘 바쁘다. 당신이 진짜 하고 싶었던 말은 목적을 찾는 일이 급하지 않다는 것인데, 그 이유는 책임지기 싫어서 즉흥 연기를 계속하고 싶기 때문이다.

"목적이 자꾸 바뀌어요!"

아니, 그렇지 않다. 혹시 드라이버 대신 망치를 사용해 본 적이 있는가? 무엇(핵심 가치)과 왜(목적)는 거의 바뀌지 않는다.

그러나 어떻게(임무)는 날마다 변한다. 이 세 가지를 혼동하면 안 된다.

"어디부터 찾아봐야 할지 모르겠어요."
이것이 목적 찾기의 어려움을 해결해 줄 정직한 답이다.

많은 사람들이 평생 거짓말을 들어왔기 때문에 자신의 목적을 찾지 못했다. 목적에 대한 가장 큰 거짓말은 목적을 찾기 위해 무작정 탐색에 나서야 한다는 것이다. 그러나 진실은 이것이다. 목적은 찾는 것이 아니라, 선택하는 것이다.

목적을 선택하려면 내 안의 검은 양을 일깨워야 한다. 즉, 목적은 핵심 가치를 활성화할 때 생성된다. 누구나 내가 '다섯 가지 가치'라고 부르는 자신만의 핵심 가치(검은 양)를 가졌으며, 우리는 날마다 목적의식을 가지고 이 검은 양을 보살피고 지킬 수 있다.

내 검은 양 가치는 다음과 같다.

창의성^{Creativity}

희망^{Hope}

영향력^{Impact}

공감^{Empathy}

가족^{Family}

진정성^{Authenticity}

일단, 내 핵심 가치는 여섯 가지이다. (나 같은 록 스타는 뭐든 과하게 행동하는 경향이 있다.) 앞에서 나는 다섯 가지 가치를 제안했지만, 한 가지 정도는 더하거나 빼도 상관없다.

자신의 검은 양 가치를 발견하고, 그것이 진짜 자신의 것인지를 증명하는 과정은 나중에 설명하기로 하고, 여기에서는 자신의 진짜 검은 양 가치를 확인했다면, 그것을 활용해서 목적을 선택할 수 있다는 점만 알고 넘어 가자.

내 목적은, 그러니까 내가 매일 아침 눈을 뜨는 이

유는 진심을 다해 사람들에게 희망을 전함으로써 창의적으로 그들의 삶에 영향을 미치기 위해서이다.

눈이 밝은 독자라면, 이 문장에 내가 열거했던 여섯 가지 핵심 가치 중 창의성, 희망, 영향력, 진정성 등 네 가지가 포함되어 있음을 알아차릴 것이다. 다른 두 핵심 가치인 공감과 가족도 내 진짜 모습을 형성하는 요소이다. 나의 지인이라면 내가 얼마나 가족을 소중하게 생각하는지, 시련을 겪으면서 고통 받는 사람들에 대한 공감력이 얼마나 커졌는지 잘 알 것이다.

자신의 핵심 가치로 목적을 표현하는 문장을 만들면 목적의식을 가지고 살 수 있다. 자신의 검은 양을 발견하고 목적을 선택하는 방법은 성공에 이르는 길을 제공한다. 또한 세상과 관계를 맺는 방식도 선택할 수 있게 해준다.

모든 사람은 세상과 관계를 맺고, 자신의 핵심 가치와 목적을 실현하고 임무를 수행하는 데 타인을 (가족, 친구, 동료는 물론 심지어 모르는 사람까지) 동참시킬 의무가 있다.

목적으로의 인도

대부분의 사람들은 업무를 하며 가장 많은 시간을 보내므로, 직장에서도 목적을 따르는 삶의 방식을 파악하면 크게 도움이 된다.

내가 조사했던 많은 조직들이 직원들의 참여를 유도하기 위해 고군분투한다. 이들은 상여금, 포상 휴가 등 온갖 수단을 동원하지만, 핵심 인재를 붙잡는 데 여전히 어려움을 겪는다. 이는 직원들의 주된 이직 사유 중 하나인 가치들이 정렬^{alignment}되지 못했기 때문이다. 날마다 직원들은 자신에게 중요한 가치와 조직에 중요한 가치를 서로 맞추려 노력한다. 그러나 이런 노력은 몇 가지 이유 때문에 부질없는 시도가 된다.

만약 직원들이 자기만의 검은 양을 발견하지 못했

"좋은 성과를 내는 팀은 목적의식을
이용해서 개인의 가치와 조직의 가치를
한 방향으로 정렬한다."

다면, 이들은 움직이는 표적을 맞추려 애쓰는 꼴과 같다. 조직의 가치가 확정되어 있더라도 자신의 핵심 가치가 끊임없이 바뀐다면, 그 사람은 광범위한 회사의 비전에 동참하기 어렵다. 이런 상황에 처하면, 직원은 스스로 무가치하고 무능력하다고 느끼기 쉽다.

목적에 따라 살기 위해서는 자신의 검은 양 가치관을 파악해야 할 뿐만 아니라, 다른 사람들 역시 자신의 검은 양을 찾을 수 있도록 도와야 한다. 당신이 그렇게 했을 때, 팀원들은 스스로를 조직 내에서 가치 있는 구성원으로 느낄 것이며, 의도한 일을 할 수 있는 최상의 기회도 얻을 수 있다.

예를 들어, 당신 회사의 핵심 가치가 성실, 투명성, 유연성, 다양성이고, 당신의 검은 양 가치가 정직, 소통, 인내, 충성, 용기라고 하자. 이제 회사의 핵심 가치와 자신의 가치관을 두루 살펴서 그 둘을 적절하게 조합할 방법을 찾아야 한다.

투명성이라는 회사의 핵심 가치를 어떻게 정직하게

보여줄 것인가? 아마도 부서 안에서 다양성을 촉진하려면 용기가 필요할 것이다. 또한 팀을 유연하게 이끌려면 충성심을 가져야 할 것이다.

이처럼 자신의 검은 양 가치관에 따라 조직의 핵심 가치를 검토함으로써 최선을 다해 조직을 도울 수 있다. 그런 다음 다른 사람들이 각자 자신의 검은 양 가치관에 따라 당신이 했던 과정을 그대로 따르도록 격려해야 한다.

어떤 사람이 목적의식(자신의 검은 양 가치관)을 가지고 조직에 기여할 때 그리고 그런 자신의 영향력을 직접 확인하게 되면, 조직 안에서 그 사람의 개인적 목적도 확대된다. 그 결과 이직은 감소하고 혁신과 생산성은 증대되며, 가장 중요하게는 직원들이 더욱 행복해진다. 회사 내 이런 긍정적인 문화적 파급 효과는 조직원들을 고무할 수 있다.

안타깝게도, 직원들이 자신의 핵심 가치를 발견하도록 돕는 투자는 기업의 이익과 직결되지 않는, 일종의

"자신의 검은 양 가치관에 따라
조직에 기여할 때,
개인적 목적도 확대된다."

소프트 스킬^{soft skill}•로 인식된다. 대개 기업들은 업무 지식과 같은 하드 스킬^{hard skill}을 핵심성과지표로 개발하는 일에 더 많이 투자한다. 그러나 핵심 인재가 떠나는 이유는 자신에게 정말로 중요한 가치를 회사가 소홀히 여긴다고 생각하기 때문이다.

만약 조직이 공언한 핵심 가치가 현실에서 눈에 잘 보이지 않는다면, 직원들이 자신의 가치관을 조직에 맞게 조정하기가 어려워진다. 가령, 투명성을 핵심 가치로 내세우는 회사가 직원들에게 중요 정보를 감추고 있다면, 직원들은 분노할 것이다. 그런 상황은 직원들에게 정수기 옆에 모여 불평이나 늘어놓는 식의 부정적 행동을 유발하는 '감정 괴물^{feelings monster}'을 키운다. 지도자라면 조직원이 즐겁게 일할 환경을 조성해주는 조직의 핵심 가치가 무엇인지 잘 알고 있어야 한다.

핵심 가치는 신성시되어야 한다. 즉, 모든 직원이 그

● 리더십이나 소통 능력 같은 계량화하기 어려운 대인 관계 기술

것을 소중히 여겨야 한다. 핵심 가치는 절대 타협할 수 없다. 마찬가지로 직원들 역시 회사가 자체 핵심 가치를 존중해 주기를 바란다. 회사가 자체 핵심 가치를 무시하면, 직원들은 불쾌하게 생각할 수밖에 없다. 자체 핵심 가치도 신경 쓰지 않는 회사가 과연 직원의 핵심 가치를 중요하게 생각하겠는가? 이럴 때는 퇴사가 답이다.

만약 당신이 조직의 지도자라면, 회사가 자체 핵심 가치를 존중하고 그것을 실현하려 노력한다는 증거가 있는지 확인하라. 증거가 없다면, 그런 핵심 가치는 존재하지 않는 것이므로, 직원들은 헌신하지 않을 것이고 핵심 인재는 떠날 것이다.

목적을 따르는 삶

목표 달성을 위해 목적을 사용하는 방법은 회사 밖에서도 유효하다. 목적은 개인적인 목표 달성을 위한 실

"자신의 검은 양이 목적을 알려주며,
그 목적이 실행 의지를 북돋는다."

행 의지를 북돋는 데에도 아주 효과적인 수단이다.

한 예로, 나의 친구인 밥은 18킬로그램을 감량하겠다는 목표를 세웠다. 그는 이 목표를 달성하기 위해 노력하는 과정에서 자신의 핵심 가치가 다음과 같다는 사실을 발견했다.

동정Compassion

관계Connection

건강Health

신념Faith

사랑Love

밥은 자신의 검은 양을 깨운 덕분에 이런 목적을 선택할 수 있었다.

"건강한 생활 습관과 독실한 신앙심을 길러서 사람들에게 동정과 사랑을 베풀자."

밥의 알람은 새벽 5시 30분에 울리는데, 이때는 그

가 운동을 하러 나가는 시간이자, 따뜻하고 안락한 침대에 파묻혀 있던 그의 내면에서 감정과 가치관이 팽팽한 줄다리기를 벌이는 순간이다. 이런 상황에 처하면, 어떤 사람들은 "젠장!"하고 소리치고 싶어진다. (지금 이 사람은 충분히 자지 못해 화가 난 상태이다.) 좀 더 기만적이고 유혹적인 감정은 이것이다.

'오늘은 힘든 하루가 될 테니, 능력을 제대로 발휘하려면 먼저 푹 쉬어야 해. 30분만 더 자자.'

이런 순간이 찾아오면, 감정을 다스리기 위해 자신의 검은 양 가치관을 들여다보면 좋다. 밥은 피곤하고 늦잠을 자고 싶지만, 자신의 핵심 가치 중 하나가 건강 유지이며, 자신이 진심으로 체중을 줄이고 싶어 한다는 사실을 잘 알고 있다. 이제 그는 건강한 긴장감에 휩싸인다. 그리고 감정과 가치관 중 어느 하나가 이기게 내버려 두지 않고, 자신의 목적을 들여다봄으로써 침대 밖으로 나온다.

밥의 목적은 어떻게 그에게 실행 의지를 북돋울까?

목적은 운동을 하면 기분이 좋아진다는 점을 스스로에게 상기시키며, 이렇게 기분이 좋아지면 건강한 생활 습관과 독실한 신앙을 길러서 다른 사람들에게 동정과 사랑을 베풀기가 더욱 수월해진다는 의지를 심어준다.

그래서 밥은 침대 밖으로 나와 신에게 도움을 구한다. 그리고 목적의식으로 무장한 채 체육관으로 향한다. 밥이 이렇게 하는 이유는 건강해지기 위해서가 아니라 목적을 달성하기 위해서이다. 그것이 자신의 목표에 전념할 수 있는 방법이다.

검은 양의 교훈

목적이란 내면 깊숙이 숨겨진 신비한 무언가가 아니다.
목적은 핵심 가치를 활용하기 위한 도구이므로,
당신은 매일 목적을 선택해서 이용해야 한다.

왜Why

목적을 따르는 삶은
목표를 달성할 수 있게 해주기 때문이다.

어떻게How

당신에게 가장 중요한 다섯 가지 가치를 찾아라.
그 가치들을 언제 실천할지 파악하고,
주변에 그것들을 드러낼 수 있는 기회를 적극적으로 찾아보라.

A Bone-Crushingly
Honest Conversation

4장

진솔한 대화

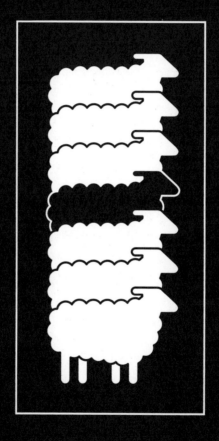

"자신의 취약함을 받아들여라"

자신의 검은 양을 찾는 과정은 감정에 좌우되기도 하고, 때로는 고통스러운 여정이 되기도 한다. 대부분의 사람들은 자신이 누구인가를 명확히 알지 못하면, 검은 양을 찾는 일을 시작조차 하지 않는다. 숨겨진 자아를 발견하기 위해서는 불확실한 상황을 감내하고, 불쾌해도 자신의 취약함을 인정해야 한다. 당신이 바라는 자기 모습과 실제 자기 모습을 구별하기 위한 첫 단계는 뼈를 깎는 고통으로 자기 자신과 정직한 대화를 나누는 것이다. 그러려면 자신의 과거를 들추어야 하는데, 이 일은 간혹 고통스러울 수 있다. 그러나 자신의 진짜 모습을 솔직하게 받아들이면, 자신의 검은 양 가치를 찾을 수 있다. 그리고 그것은 온전한 자아실현을 위한 첫걸음이 된다.

나는 브레네 브라운$^{Brené\ Brown}$이 정말 좋다. 이제는 말할 수 있지만, 독설을 즐기고 절대 울지 않는 나 같은 상남자도 취약함과 수치심을 적극 옹호하는 이 여성을 좋아하지 않을 도리가 없다. 그저 좋은 정도가 아니라⋯⋯ 그녀는 내게 영혼의 친구와 같다. 나는 그녀의 책을 읽고 소통 능력이 향상되었으며, 감명 깊게 봤던 그녀의 강연 내용은 나중에 내가 더 발전시켜볼 생각이다. 그녀가 세상에 일으키고 있는 변화는 대대로 물려줄 만하다. 아직 그녀의 책을 읽지 못한 독자가 있다면, 잠시 이 책을 덮고 『마음가면$^{Daring\ Greatly}$』을 먼저 읽어보라. 휴스턴

대학교의 연구 교수인 브라운은 명석한 두뇌뿐만 아니라 매혹적인 공감력도 지녔다. 명석함과 공감력은 막강한 조합이다. 그녀가 진행하는 넷플릭스 스페셜, 〈나를 바꾸는 용기 The Call to Courage〉는 강연이라는 딱딱한 형식에서 벗어나, 마치 의자에 앉아 맥주잔을 기울이며 대화를 나누듯 편안하게 진실을 전달하는 그녀의 능력을 잘 보여준다. 취약함을 강점으로 활용하라는 브라운의 메시지는 우리에게 익숙한 전형적인 리더십의 모습을 바꾸고 있다. 그녀는 취약함의 특징을 다음의 세 가지로 정리한다.

불확실성 Uncertainty

위험 Risk

감정적 노출 Emotional exposure

이 세 가지에 대한 두려움은 사람들이 자신만의 검은 양을 찾지 못하도록 방해한다. 그러나 자기 자신과 진솔한 대화를 나누기 위해서는 이 세 가지가 꼭 필요하다. 이따금 우리는 가장 중요한 교훈을 불쾌한 기억에서 얻는다. 나만의 참된 핵심 가치를 발견하려면, 먼저 스스로를 잘 들여다봐야 하는데, 왜 그렇게 힘들까? 바로 책임지기도 싫지만, 취약한 내 모습을 보는 것도 싫기 때문이다.

고대 중국의 사상가 노자는 이렇게 말했다.

"우울한 사람은 과거에 살고, 불안한 사람은 미래에 살며, 평안한 사람은 현재에 산다."

이 말은 이어질 대화의 시작점으로 아주 적절하다. 사람들이 검은 양 찾기를 시작할 때 처음 발견한 다섯 가지는 탐색 과정 끝에 최종적으로 선택하게 되는 것들과 달라진다. 그 이유는 앞에서 인용한 노자의 말에서 찾을 수 있다.

자각에 이르는 과정은 미끄러운 비탈길을 오르는 것과 같다. 처음 검은 양 가치를 찾는 사람은 당장 확인 가능한 두세 가지를 핵심 가치로 선택하기 마련이지만, 그것들은 실제 당신의 것이 아니라 내가 '이상적 가치aspirational values'라고 부르는 것으로, 이는 당신의 진짜 모습이라기보다 당신이 원하는 모습을 보여줄 뿐이다. 바로 여기에서 정서적 취약함이 드러난다. 가장 중요한 가치를 발견하기란 의외로 어렵다. 진짜 핵심 가치를 찾으려면, 자신의 과거를 속속들이 파헤쳐서 지금의 모습을 만들어 준 중요한 경험들을 찾아야 한다. 그러는 동안 불안한 마음도 떨쳐내야 하고, 세상 사람들의 훈수에도 신경 쓰지 말아야 한다.

여기 40년간 담배를 피운 캐시라는 흡연가가 있다. 그녀는 담배의 유해성을 잘 알기 때문에 과거에 여러 번 금연을 시도했지만 성공하지는 못했다. "엄마는 손녀가 고등학교를 졸업하고 결혼까지 하는 모습을 보고 싶지도 않아요?"라는 자녀들의 불평도 계속 참아야 했다. 그래서 캐시는 타협할 수 없는 가치 중 하나로 건강을 택했고, 이것으로 금연에 성공하게 되기를 바라고 있다.

이런 접근법은 어느 정도 타당하지만, 효과를 거두

지는 못할 것이다. 캐시는 각고의 노력으로 자신과 솔직한 대화를 나눈 후, 그동안 거칠게 살아온 자신을 반성했으며, 오래 살고는 싶지만 그렇다고 앞으로 20년을 더 사는 것이 인생의 참된 목표가 아님을 인정하게 되었다. 건강은 캐시의 검은 양이 아니다. 자녀들의 말에 귀를 기울이지 않으면서, 자기 자신과 솔직하게 대화를 나누기란 정말로 어려운 일이다. 자신의 진짜 모습을 부끄러워하는 사람은 무엇이 자기의 검은 양인지 가려내지 못한다. 그러므로 검은 양 찾기는 다른 사람을 위해 하는 것이 아님을 기억해야 한다. 그렇지 않으면 노력은 물거품이 되고 말 것이다. 당신의 진실은 당신의 것이지, 다른 사람의 것이 아니다. 성공의 열쇠는 현재 자신의 모습을 있는 그대로 받아들이는 데 있다. 그것이 유일한 방법이다.

핵심은 이것이다. 검은 양은 미래에 살지 않는다.

우리의 핵심 가치는 인생을 사는 동안 만들어진다는 사실을 기억하라. 핵심 가치는 거의 변하지 않으며,

우리가 현재에 충실하도록 튼튼한 닻이 되어준다. 인생의 말년에 이르면, 대부분의 사람들은 살 만큼 살았으므로 자신에게 가장 중요한 것이 무엇인지 알게 된다. 그러나 젊을 때는 자신의 핵심 가치가 무엇인지 깊이 파고들지 않다가, 마흔 즈음이 되자 우울해져서는 지금 모습에 만족하는지, 하고 싶었던 일을 하고 있는지 스스로에게 묻기 시작한다. 수십 년간 중요한 결정들을 해왔지만, 결과는 좋지 못했기 때문이다.

이제 수치심에 관한 브레네 브라운의 말을 들어보자. 간혹 어린 시절에 형성된 우리 모습은 어느 정도 수치심과 관련된다. 수치심은 감정과 가치관 사이의 건강한 긴장 관계를 훼손할 만큼 강력한 감정이다. 수치심은 상처가 되는 감정이므로, 사람들은 좀처럼 자신의 내면을 들여다보지 못한다. 그리고 이 수치심은 심각한 우울증을 유발하기도 한다.

종종 우리는 수치심을 느끼지 않기 위해 실제 모습이 아닌 자신이 바라는 모습대로 이야기를 꾸며낸다. 심지어 다른 사람인 척 연기를 하기도 한다. 이상적인 미래의 모습을 상상해내고는 현재 자기가 바로 그 사람이라고 스스로를 설득한다. 그러나 그 사람은 실존 인물이 아니다.

어리석게도 우리는 진짜 모습을 들킬까 봐, 꾸며낸 모습을 세상에 보여주려는 계획을 세우기도 한다. 자신의 진짜 모습에 무슨 문제라도 있는 걸까? 진실이 두려워서 자신의 진짜 모습을 찾지 않으려고 한다면, 영영 그 질문의 답은 알 수 없다. 대체 우리는 무엇을 두려워하는가?

그 두려움의 대상은 바로 불확실성이다. 두려움은 불확실성과 취약함이 합쳐져 일으킨다. 이것은 생물학적인 과정이다. 본래 우리의 두뇌는 불확실성을 위협으로 간주한다. 위협받을 때 당신은 어떤 감정이 드는가? 공포심인가? 불확실한 상황은 당연히 두렵다! 그러나 정체불명의 상황에서 느껴지는 두려움이 뇌의 반응이라는 사실을 알고 나면, 자신의 검은 양 가치관을 이정

"내가 바라는 내 모습이나 남이 바라는
내 모습이 아닌, 진짜 자기 모습을
냉정하게 바라보라."

표로 삼아 그 두려움을 극복할 수 있다. 다만 두려운 상황에 직면해야만 그 두려움을 극복할 기회를 얻는다는 사실은 아이러니이다. (앨라니스 모리셋° 당신은 명함도 못 내밀걸!)

대부분의 사람들은 그런 불확실성을 싫어한다. 그래서 불확실한 상황을 피하려 한다. 그러나 우리는 흰양 무리에 둘러싸인 자신의 위치를 받아들이고, 자신의 인생을 살아야 한다.

당신이 세상에 태어난 이유

진심으로 나는 당신이 세상에 태어난 이유가 단순히 하나가 아닌, 그 이상이라고 믿는다. 그러므로 목적

● 앨라니스 모리셋은 캐나다계 미국인 가수로, 1995년에 아이러니로 가득한 삶을 풍자한 〈아이러닉(ironic)〉이라는 노래를 불러 크게 히트한 바 있다.

의식을 가지고 용기를 그러모아 자신의 검은 양 찾기를 포기하지 않으면, 당신은 바라왔던 모든 것을 이룰 수 있다. 즉흥 연기를 멈추고 의도한 대로 영향력을 발휘할 수 있다. 지금까지는 꿈만 꿨던 삶을 비로소 누릴 수 있게 된다. 그런 삶이 바로 눈앞에 있다. 당신의 앞을 가로막는 장애물은 다음과 같이 전부 'f'로 시작되는 단어들이다.

느낌Feelings**?** 안 돼.

두려움Fear**?** 안 된다고.

불굴의 의지 Fortitude**?** 브래드의 뇌 좀 검사해 봐! 음…… 그럼 그렇지.

젠장F*ck**!** 진정해.

용서Forgiveness**?** 시도해야 할 일이지만, 할 수 있을지 모르겠다.

용서란 말은 아마도 이 세상에서 가장 강력한 단어일 것이다. 용서를 하는 법과 받는 법을 배우는 것은 자신의 검은 양을 발견하는 이 여정에서 핵심이라 할 수 있다. 불완전한 세상에서 아름다움을 찾는 법을 배우기 전까지는 완벽함에 대한 기대가 정직한 대화를 나누지 못하게 방해할 것이다. 그러므로 먼저 스스로를 용서해야 한다.

끔찍한 실수를 했더라도 자신을 용서해야 한다는 생각에 화가 난 적이 있는가? 이럴 때 당신은 용서받을 자격이 없다고 생각할 것이다. 그런 자책감은 잘 사라지지 않는다. 그리고 최악의 순간에 고개를 든다. 그것은 당신의 크립토나이트 kryptonite•이다.

우리 아버지의 애정 어린 조언을 이 상황에 적용하고 싶다. 아버지가 즐겨 하시던 이 말은 원래 아버지의 스위스 군용 칼에 적혀 있던 문구이다. 그것은 바로 "헛소리 마라 Cut the shit"이다.••

• DC 코믹스 〈슈퍼맨〉 이야기에서 슈퍼맨을 무력하게 만드는 가상의 물질로, 개인의 약점을 의미한다.
•• 아마도 군용 칼에 이 문구가 새겨진 이유는 그것을 문자 그대로 해석해서 "쓸데없는 것은 다 잘라버려라."는 메시지를 담기 위해서인 것 같다.

"아버지, 저 지금 뉴잉글랜드 패트리어츠 라커룸 앞에 있어요!"

"헛소리 마라!" (놀람)

"아버지, 트럼프가 당선됐어요."

"헛소리 마라!" (불신)

"아버지, 이 일을 못해낼 것 같아요."

"헛소리 마라!" (부정)

완벽함에 집착하는 문화는 우리의 이성적 사고 능력을 떨어뜨린다. 이런 문화는 원래 모습대로 살기보다 다른 사람들의 기대에 맞춰 살아야 한다고 요구한다. 이에 우리는 불가능한 기준에 자신을 꿰어 맞추려 애쓰지만, 결국 실패하고 만다. 인간이기 때문에 어쩔 수 없다.

나는 아들의 죽음을 확신한 의료진의 말을 극복하기까지 오랜 시간이 걸렸다. 수년간 나는 스스로를 용서할 수 없었다. 당시 사건을 이해하기 위해서는, 그때로 돌아가 상황을 꼼꼼히 들여다봐야 했다. 그때 의료진의 말을 믿지 않았다면, 나는 동생에게 전화를 걸어 작별 인사를 권하지 않았을 것이다. 그럼 동생은 유튜브에 올릴 영상도 만들지 않았을 것이고, 50만 명이 테오의 치료법을 조사하지도 못했을 것이다. 그럼 우리 아들은 살지 못했겠지. 내가 테오를 포기하려 했다는 사실에 고통스러워하지 않았을 것이고, 그렇게 포기했던 이유를 스스로 따져보지도 않았을 것이다. 그러면 핵심 가치의 부재가 원인이었다는 사실을 깨닫지 못했을 것이다. 나아가 궁극적으로 다른 사람들이 자신의 검은 양을 찾도록 돕는 것을 내 인생의 목표로 삼지도, 이 책을 쓰지도 못했을 것이다. 어떻게 보면, 내가 용서하는 법을 배운 덕분에 당신이 이 책을 읽을 수 있게 된 셈이다. 그러나 내가 가장 먼저 용서한 사람은 나 자신이 아니었다.

마태복음에 따르면, 먼저 다른 사람을 용서하는 사

"먼저 다른 사람을 용서함으로써
자기 자신을 용서하는 법을 배워라."

Black Sheep

116

람이 용서받을 수 있다. 신성 모독 발언일지 모르지만, 나는 테오에게 일어난 일에 대해 하나님을 용서해야 한다는 사실을 깨달았다. 나는 우리 아들이 왜 그런 고통을 겪어야 하는지 이해하지 못했었다. 그런데 희망이라는 가치는 내 검은 양 중 하나이며, 희망과 용서는 상호의존적인 관계이다. 내가 나를 용서하려면 먼저 하나님과의 관계부터 회복해야 했다. 우리 아들의 끔찍한 고통에 대해 하나님을 용서할 수 있게 되자, 아들의 고통을 바라보며 드러난 내 단점을 용서할 방법을 내 안에서 찾을 수 있었다.

자신을 용서하는 일은 끊임없이 주의를 기울여야 하는 복잡하고 연속적인 과정이다. 나는 자신을 용서하는 법을 배우기 위해 내 신념에 기댔다. 당신이 어떤 믿음을 가졌든, 이 사실 하나는 분명하다. 당신은 용서받을 자격이 있다. 자신을 용서하지 못하겠다고 말하는 사람이 있다면, 그런 헛소리는 하지 마라!

취약하지만 무너지지 않는 삶

스스로 약해질 때, 우리는 자기 주변에 무너지지 않는 벽을 세우고 싶어 한다. 자신을 해칠 만한 것들로부터 스스로를 보호하는 데 많은 시간을 들인다. 칸이 나뉜 작은 감정 상자에 온갖 문제를 쑤셔 넣고, 그 상자를 깊은 곳에 묻어둔 채 살다가, 문득 추수감사절 식사 자리에서 누군가 말도 안 되는 논리를 펼치면 화를 주체하지 못하고 터뜨려버린다. 이렇게 말이다.

"난 이 크랜베리 소스가 싫어! 넌 지난 10년간 내 성공을 못마땅해 했지! 그리고 이 악취를 개의 탓으로 돌리지 마. 그거 너 때문이잖아!"

당신은 취약하고 무너지기 쉬운가? 아마 그럴 것이다. 몇 년 전에 나는 우연히 킨츠키^{Kintsugi}라는 말을 알게 되었다. 킨츠키는 일본 고대 사상이자 깨진 도자기를 복원하는 과정을 의미한다. 전설에 따르면, 15세기 후기에 일본의 쇼군 아시카가 요시마사^{足利義政}는 아끼던 찻잔이 깨지자 그것을 중국에 보내 수리하게 했다. 그런데 수리가 끝나고 돌아온 찻잔은 금속 꺾쇠들이 추하게 박힌 모습이었기에, 쇼군은 영 마음에 들지 않았다. 그래서 그는 이 찻잔을 다시 일본 국내 도예가들에게 맡겼다. 도예가들은 깨진 흔적을 감쪽같이 없애기보다는 가장 가치 있는 물질인 금으로 찻잔을 수리하기로 한다. 이렇게 그들은 아름다운 금장식으로 깨진 조각들을 이어 붙임으로써 찻잔의 가치를 높임과 동시에 찻잔의 역사까지 보여줄 수 있었다. 그래서 킨츠키는 '훌륭한 수리 방법'이라고 번역된다.

아마도 당신은 상처를 꿰매주는 것, 즉 자기답게 해주는 핵심 가치에 집중하기보다 자기를 무너뜨릴지 모를 것들로부터 스스로를 보호하는 데 훨씬 많은 시간과 노력을 들여왔을 것이다. 일본의 도예가들이 찻잔을 수리하다 금이라는 귀한 물질을 발견한 것처럼, 당신도 상처를 들여다보다 검은 양이라는 소중한 자원을 발견할 수 있다. 검은 양은 상처를 아물게 해 줄 연고인 셈이다.

이제 그 검은 양을 이용해서 다음과 같이 해 보자.

생각을 단순화하라.

자신의 검은 양 가치관에 따라, 수십 가지 '적당히 중요한' 가치가 아닌 절대로 타협할 수 없는 '핵심 가치'에 초점을 맞추어야 한다. 이렇게 관점이 단순해지면, 감정과 가치관 사이의 줄다리기에서 균형을 잃지 않게 되어 좋은 결정을 내릴 수 있다.

자율성을 높여라.

자신의 가치관에 따라 목적의식을 가지고 행동하면, 눈앞에 펼쳐진 상황을 통제하고 주변에 긍정적인 영향을 미칠 수 있다. 검은 양은 어디서든 눈에 띄기 마련이다! 그것은 힘든 상황에서 당신이 가장 먼저 들여다봐야 하는 것이자, 사람들이 당신에게서 가장 먼저 발견하게 되는 것이다.

다른 사람과 교류하라.

자신에게 가장 중요한 것을 찾다 보면, 당신은 혼자가 아님을 알게 된다. 많은 사람이 가치관을 공유하며, 당신과 같은 어려움을 겪는다. 모두가 같은 상황임을 알고 나면 편하게 다른 사람들과 생각을 나눌 수 있고 취약한 자기 모습도 인정할 수 있다.

상처를 치료할 때 검은 양을 쓰지 않으면, 무엇을 이용하겠는가? 감정? 아이디어? 소원? 나는 그 질문에 대답할 수 없다. 다만, 즉흥 연기를 그만두려면 자신의 검은 양을 찾아 보살펴야 한다고만 말하겠다. 검은 양은 목표를 향해 나아갈 수 있도록 굳건한 토대가 되어 준다.

"무너지지 않는 비법은 이미 무너졌다는
사실을 깨닫는 것이다. 누구나 무너진다."

검은 양의 교훈

무엇What

자신의 취약함을 받아들이고,
나의 진짜 모습과 내게 가장 중요한 것이
무엇인지에 대해서 솔직해져야 한다.

왜Why

자신이 무너졌다는 사실을 인정하고
자신의 진짜 모습을 드러내면, 다른 사람들과 돈독한 관계를
맺을 수 있고 그들에게 긍정적인 영향도 미칠 수 있기 때문이다.

어떻게How

무너질 것 같은 상황에서
내 검은 양이 나를 굳게 지켜준다고 믿어라.

Playing
Favorites

5장

좋아하는 것의 가치

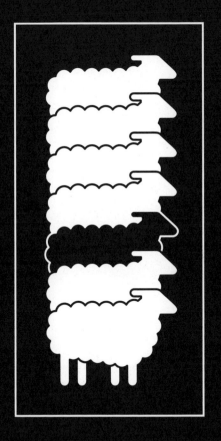

"강력한 경험이 핵심 가치를 형성한다"

좋아하는 것에는 이유가 있다. 라디오에서 좋아하는 노래가 흘러나오거나 텔레비전에서 좋아하는 영화가 나올 때 느껴지는 기쁨에는 단순히 그것들을 좋아한다는 사실 이상의 의미가 있다. 이런 것들이 연상시키는 강렬한 감정에도 불구하고, 대부분의 사람들은 그것을 좋아하는 이유를 별로 궁금해 하지 않는다. 당신이 좋아하는 것들은 당신의 강렬한 인생 경험에서 형성됐지만, 지금은 어딘가에 숨어 있는 가치들에게로 당신을 안내한다.

코미디언 브라이언 리건Brian Regan에게는 어렸을 때 리틀 야구단에서 있었던 아주 재미난 경험이 있다. 그는 외야에서 수비하는 내내 경기에 제대로 집중한 적이 없었다고 한다. 그가 경기에 나갔던 이유는 끝나고 공짜로 스노콘을 먹을 수 있었기 때문이다. 동료 선수가 큰 소리로 점수를 물으면, 브라이언은 "포도 맛!"이라고 외치고는 자기는 포도 맛과 체리 맛을 제일 좋아한다고 덧붙였단다.

내가 이 이야기를 듣고 웃음을 터뜨리는 데에는 몇 가지 이유가 있다. 언젠가 나는 진행 중인 경기보다 잔

디밭에서 꽃을 줍는 데 더 관심이 있었던 선수들을 지도한 적이 있었는데, 나 역시 포도 맛 스노콘을 좋아하기 때문이다. 생뚱맞지만…… 주스든 젤리든 포도 맛은 내가 가장 좋아하는 맛이며, 심지어 나는 자주색도 좋아하는데, 자주색은 바로 프린스Prince•를 떠올리는 색깔이기 때문이다!

영화 〈퍼플 레인〉을 폄하하는 사람들도 있지만, 나는 여전히 이 영화를 저평가된 고전이라고 생각하며, 그 영화의 타이틀 곡은 내가 너무나 좋아하는 노래이다. 이 노래를 들으면, 순식간에 나는 좋아하던 여자애와 제법 격식을 차려야 하는 파티에서 슬로우 댄스를 췄던 중학생 시절로 돌아가곤 한다. 그때 나는 너무 긴장된 나머지 몇 가지 실수를 했는데, 오늘날까지도 오디오에서 동명의 노래인 〈퍼플 레인〉이 흘러나오면 손바닥에 땀이 나곤 한다! 나는 그때의 '첫 키스'를 여전히 생

● 미국의 싱어송라이터이자, 영화 〈퍼플 레인(Pupple Rain)〉의 주인공

생히 기억한다. 끔찍하고 당혹스럽게도 혀가 엉망으로 꼬여버렸던 내 첫 키스는 마치 착한 세인트 버나드가 침을 질질 흘리며 하는 애정 표현과 같았다. 그때 나는 내가 뭘 하는지도 몰랐다. 키스를 멋지게 하고 싶었지만, 하는 방법조차 거의 몰랐으며, 그때는 인터넷이라는 신기한 세상도 존재하지 않았다.

그런데 지금 내가 왜 이런 이야기를 하는 걸까? 핵심은 당신이 좋아하는 것들은 마음 깊이 새겨진 어떤 기억과 관련된 강렬한 경험에서 탄생한다는 것이며, 내게는 〈퍼플 레인〉이라는 노래가 바로 그런 경우임을 말하고 싶었다. 지금도 나는 그 노래를 들으면 열네 살의 내가 느꼈던 당혹감을 느끼며, 이런 공감은 숨겨진 최고의 인생 비법을 찾아 나서는 사람들도 느끼는 것이다.

당신이 좋아하는 것들은 매슬로우Maslow가 '절정 경험peak experiences'이라 부른 것과 관련되며, 대개 한 가지 이상의 핵심 가치를 반영한다. 그러므로 자기가 무엇을 좋아하는지 살펴보는 일은 유익한 작업이라 할 수 있다.

잠시 자신이 좋아하는 영화를 떠올려 보자. 문득 텔레비전에서 자신이 좋아하는 영화가 방영되면, 당신은 그냥 지나치지 못할 것이다. 혹시 그 영화가 〈쇼걸 Showgirls〉인가? 흠……. (정말 당신의 인생 영화가 〈쇼걸〉이라면, 당신이 이 책을 읽고 난 후에 내가 당신에게 무료 상담을 해주겠다.) 어쨌든 내가 사람들에게 좋아하는 영화를 물었을 때, 가장 많이 언급되었던 영화는 〈쇼생크 탈출 The Shawshank Redemption〉과 〈프린세스 브라이드 The Princess Bride〉이다.

내가 가장 좋아하는 영화는 〈해피 길모어 Happy Gilmore〉이다. 이 영화는 지금까지 당신이 내게 궁금해 했을 내용 중 많은 것을 설명해준다. 아담 샌들러 Adam Sandler가 우스꽝스러운 자세로 골프를 치는 이 영화는 한심하고 바보 같은 코미디지만, 나는 이 영화를 사랑한다. 처음에는 그저 영화 속 유머가 유쾌해서 그리고 나와 동향인 샌들러가 승승장구하는 모습이 보기 좋아서, 이 영화를 좋아했다. 그러나 내 검은 양 가치관에 따라 이 영화를 분석해 보고는 완전히 생각이 달라졌다. 앞에서 이미 말했듯이, 내 검은 양은 창의성, 희망, 영향력, 공감, 가족, 진정성이다. 이제 이 여섯 가지를 가지고, 내가 〈해피 길모어〉를 좋아하는 이유를 설명하겠다.

창의성: 당신은 해피(아담 샌들러)가 골프 치는 모습을 본 적이 있는가? 또는 해피처럼 골프를 쳐보려고 시도해 본 적이 있는가? 해피가 힘껏 달려가서 강력한 스윙으로 작고 하얀 공을 날리는 모습을 보면, 마치 만화 〈피너츠Peanuts〉에서 찰리 브라운을 보며 웃고 있는 페퍼민트 패티가 된 것 같다. 해피의 스윙이 창의적이라고 생각하지 않는가? 음…… 넘어가자.

희망: 해피의 꿈은 프로 아이스하키 선수가 되는 것이다. 그는 강력한 슬랩 샷slap shot 기술과 싸움 능력을 갖추었지만, 하키 선수의 꿈을 이루지는 못한다. 입단 테스트에 실패한 다음 날, 해피는 다음 해 테스트를 대비해 힘을 기르겠다며 야구 연습장의 배팅 케이지에 서서 날아오는 야구공을 몸으

로 막는 연습을 한다. 어릴 때 내 꿈은 프로야구 선수가 되는 것이었다. 나는 선수로서 필요한 기술은 갖추었지만, 부상을 당해 어린 시절의 유일한 꿈을 이루지 못했다. 그래서 나는 오랜 소망을 붙들고 사는 삶이 어떤 모습이 잘 안다.

영향력: 해피가 PGA 투어에 참가하자, 청 반바지와 맥주 모자를 쓴 사람들이 골프 대회장에 모습을 드러내기 시작한다. 해피는 꾸밈없는 모습과 노골적으로 규칙을 무시하는 행동으로 사람들을 매료시킨다. 〈해피 길모어〉에는 반항적이면서 매력적인 면이 있는 것 같다. 아마도 그것은 내 목표이기도 한 영향력이 아닐까 생각한다. 모든 사람이 목적의식을 가지고 충만한 삶을 살도록 돕는 것이 내 목표이다.

공감: 해피가 꿈을 이루지 못하는 모습을 보면서 내 마음은 복잡해졌다. 어릴 때 나는 프로야구 선수가 되는 것 외에는 다른 꿈이 없었다. 내 계획은 모 아니면 도였다. 그래서 야구 선수가 되는 꿈이 좌절되자, 내 인생은 송두리째 바뀌어버렸

다. 이것은 내게 너무나 가슴 아픈 경험이었다. 해피는 원치 않았던 분야인 골프에서 대성공을 거두지만, 여전히 자신의 유일한 꿈인 아이스하키 선수가 되고 싶다는 꿈을 갖고 있는데, 그 마음에 나는 공감한다.

가족: 해피가 PGA 투어에 참가한 이유는 할아버지가 직접 지은 집을 할머니에게 되찾아드리기 위해서였다. 세금을 체납한 할머니의 집은 국세청이 압류해 간 상태였다. 해피는 할머니를 임시로 양로원에 모셔다 드린 다음, 경매를 통해 집을 되찾아 오기 위해 돈을 마련하러 다닌다. 그는 가족을 지키고 싶어 한다. 내가 그의 행동에 공감하는 이유이다.

진정성: 영화에서 해피는 줄리 보웬Julie Bowen이 연기한 PGA 투어 홍보 담당자 버지니아 베닛에게 데이트 신청을 하는 장면이 나오는데, 내가 가장 좋아하는 장면이다. 골프 선수와는 데이트하지 않는다는 버지니아의 말에, 해피는 이렇게 답한다. "잘됐네요. 전 하키 선수거든요." 목표를 이루기 위해

지금은 다른 일을 하지만, 해피는 자신의 본분을 결코 잊지 않는다. 꿈을 향한 이런 진실한 태도야말로 내가 늘 열망하는 것이다.

내가 〈해피 길모어〉를 좋아하는 표면적 이유는 바보 같은 유머와 지연이 만들어낸 친밀감에 있다고 할 수 있다. 그러나 좀 더 깊이 들여다보면, 이 영화는 내 핵심 가치들과 그대로 연결된다. 즉, 내 안의 검은 양 가치관과 일치하는 것이다. 〈해피 길모어〉는 내게 깊은 영향을 주었던 과거의 경험들을 떠올리게 하고 나를 미소 짓게 한다. 그러니 어떻게 좋아하지 않을 수 있겠는가!

나는 자신의 검은 양 가치를 찾고 싶은 사람들에게 좋아하는 것들을 이용하라고 말하고 싶다. 이것은 심오하고 난해한 질문들로 자문자답할 때, 지루해하지 않고 실패 확률도 적은 방법이다. 잠시 시간을 내어 다음 질문들을 생각해 보자. 질문에 대한 답은 평소 사용하는 수첩이나 메모지 등에 적어 보기를 권한다. 그러나 아직은 너무 깊이 들어가지 말자. 지금은 그냥 자신이 무엇을 좋아하는지만 파악해 보자.

좋아하는 영화 세 가지는 무엇인가?

• 그 영화들의 주제는 무엇인가?

• 특별히 인상 깊은 등장인물이 있는가?

• 그 등장인물들은 무엇을 연상시키는가?

좋아하는 노래 세 가지는 무엇인가?

• 그 노래들의 주제는 무엇인가?

• 그 노래를 들었을 때 특별히 떠오르는 추억이 있는가?

• 그 노래들은 무엇을 연상시키는가?

좋아하는 음식 세 가지는 무엇인가?

• 그 음식들을 처음 먹은 때는 언제인가?

• 그 음식들을 만든 사람은 당신에게 가까운 사람인가?

• 그 음식들은 무엇을 연상시키는가?

좋아하는 향 세 가지는 무엇인가?

- 그 향을 맡았던 최초의 기억은 무엇인가?

- 그 기억과 함께 떠오르는 사람은 누구인가?

- 그 향들이 무엇을 연상시키는가?

좋아하는 영화, 노래, 음식, 향 등을 분석해 보면 자신에게 가장 중요한 것이 무엇인지 여실히 드러날 것이다. 그러나 지금은 자신의 답들을 분석하지 마라. 일단 처음에 떠오른 생각들을 적고 나면, 나중에 그것들이 어떻게 자신의 검은 양과 연결되는지 저절로 드러날 것이다.

간혹 이렇게 질문하는 사람도 있을 것이다.

"좋아하는 것이 없으면 어떻게 하죠?"

어쩌면 당신도 궁금해 하는 내용일지 모르겠다. 적당히 중요한 것들에 집중하다보면 가장 중요한 것이 무엇인지 제대로 파악할 수 없듯이, 적당히 좋아하는 것들을 잔뜩 나열하다 보면 진짜로 좋아하는 것을 놓치게

"당신의 검은 양을 당신에게
깊은 감동의 여운을 남긴 히트송이라고 생각하라."

된다. 그러므로 스스로에게 이렇게 물어보자.

"딱 한 편의 영화를 볼 수 있고, 딱 한 곡의 노래를 들을 수 있고, 딱 하나의 음식을 먹을 수 있다면…… 무엇을 선택하겠는가?"

여기에 정답은 없다. 이것은 진실을 찾는 과정이다. 간혹 이런 과정을 여러 번 거쳐야 할 때도 있다. 일단 좋아하는 것을 고르고 나중에 다른 것이 좋아지면, 그때 다시 바꾸면 된다. 중요한 것은 과정 자체이다.

'무엇'뿐만 아니라 '누구'도 중요하다

자신의 검은 양을 찾을 때는 자신에게 가장 중요한 것뿐만 아니라 주변에 누가 있는가도 살펴야 한다. 이것은 정말 중요하다. 적절한 순간과 장소에서 자신의 검은 양 가치관을 드러내는 능력은 주변 사람들의 영향을 많이 받는다.

나는 절친이자 멘토인 짐 나이트^{Jim Knight}와 함께 〈Thoughts That Rock〉이라는 30분짜리 유명 팟캐스트를 공동 진행하고 있다. 하드록인터내셔널^{Hard Rock International}•의 임원을 지내기도 했던 짐은 베스트셀러인 『Culture That Rocks』의 저자이자, 현재 미국에서 가장 유명한 강연자 중 하나이다. 짐과 내가 팟캐스트에 출연한 손님들에게 던지는 단순한 질문은 바로 이것이다.

"지금까지 당신이 들었던 최고의 조언은 무엇입니까?"

최근 우리 팟캐스트에 돈 예거^{Don Yaeger}가 출연했는데, 그는 『뉴욕타임스^{New York Times}』 베스트셀러 목록에 열한 번이나 이름을 올린 유명 작가이자 『스포츠 일러스트레이티드^{Sports Illustrated}』 소속으로 수상 경험이 있는 기자이며, 존경받는 비즈니스 코치이기도 하다. 예거는 전설

● 전 세계에서 카페, 호텔, 카지노 등을 운영하는 글로벌 기업

적인 UCLA 농구 감독이자 리더십 전문가인 존 우든 John Wooden에게 10년 이상 조언을 받아 온 특별한 경험을 언급했다. 팟캐스트 예거 편에서는 우든을 멘토로 모시게 된 이야기도 흥미로웠지만, 무엇보다 우든의 조언이 충격적이었다. 예거가 우든에게 배운 교훈 중 하나는 이것이었다.

"당신은 결코 당신의 이너 서클inner circle에 있는 사람들을 앞지르지 못할 것이다. 자신이 성공할 가능성을 알고 싶다면, 자신의 이너 서클에 어떤 사람이 있는지 살펴보라."

와! 우든의 조언이 내적·외적으로 당신에게 미칠 영향을 한번 생각해 보라. 내적으로는 자신의 검은 양 가치관을 이용해서 이너 서클을 형성할 수 있다. 당신이 목적의식을 가지고 이너 서클의 구성원들과 관계를 맺고, 그들의 자율성을 높일 때 당신은 성공적인 인생을 살 수 있다. 외적으로는 자신이 어떤 사람들과 주로 시간을 보내는지 살펴보자. 우든은 주변 사람들을 다음의 세 가지로 분류하라고 조언한다.

개인적 접촉: 개인 생활에서 가장 많은 시간을 함께하는 다섯 명은 누구인가?

직업적 접촉: 직장에서 가장 많은 시간을 함께하는 다섯 명은 누구인가?

기타 접촉: 교회 활동, 자원봉사, 여가 활동 등을 할 때 가장 많은 시간을 함께하는 다섯 명은 누구인가?

그 다음에 우든은 예거가 꼽은 열다섯 명에게 이런 질문을 던져보라고 말한다.

"그들은 당신과 같은 방향으로 가고 있는가?"

당신의 사람들은 당신을 격려하는가? 그들은 당신 목표의 일부인가, 아니면 당신을 방해하고 있는가? 만약 어떤 사람과의 관계에 극적인 사건과 모험이 가득하

"자신의 인간관계가
투자할 가치가 있는지 확인해 보라."

다면, 그 관계를 그만두라고 말하고 싶다. 위대한 지도자가 힘들게 배우는 교훈 중 하나는 지금 자기 주변에 있는 사람들이 내가 가고 싶은 곳으로 나를 밀어주지 못한다는 사실이다.

이런 깨달음 후에는 인생에서 몹시 어렵고 고통스러운 과정인 관계 정리하기가 따라온다. 그런 다음에는 자신과 궁극적인 목표와 방향이 같은 사람들에게 자신의 시간을 할애해야 한다. 자신의 검은 양 가치관과 이너 서클의 관계를 생각하면서, 무엇과 어떤 사람이 자신을 끌어주고 있는지 살펴보라. 또 자신의 가치관에 따라 이너 서클을 형성하는 일이 현실적이고 투자 가치가 있는지 확인해 보라.

검은 양의 교훈

무엇What

내 핵심 가치는
내가 좋아하는 것들로 확인된다.

왜Why

좋아하는 것처럼, 검은 양 가치도
머리와 가슴으로 느껴지는 것이기 때문이다.

어떻게How

내가 무엇을 좋아하는지 생각해 보고,
거기에서 어떤 가치관을 발견할 수 있는지 스스로에게 물어보라.

Digging For Truth

6장

진실 파헤치기

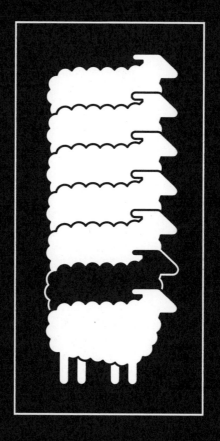

"검은 양은 미래에 살지 않는다"

당신이 파악한 검은 양이 진짜 자신의 것이 맞는지 어떻게 알 수 있을까?
당신에게는 증거가 필요하다. 대개 처음 진실을 찾아 나선 사람들은 때때
로 적당히 중요한 몇몇 가치가 타협 불가능한 검은 양 가치로 둔갑했다는
사실을 발견한다. 자신의 검은 양이 현실적인 가치라는 증거를 찾으려면,
자신의 일상을 꼼꼼히 살펴야 한다. 검은 양은 미래에 살지 않는다는 사실
을 잊지 마라.

나는 자주 심한 불안증에 시달린다. 테오가 암을 '이겨 낸' 후에, 나는 가상 마을인 퓨처빌Futureville의 '만약에What IFs'라는 괴상한 지역에서 많은 시간을 보냈다. 수많은 날을 그곳에 머물면서, 만약 그랬다면 내게 무슨 일이 일어났을지, 어떻게 병원비를 마련할지, 재활 치료는 어떻게 견뎌야 할지, 그리고 둘째는 어떻게 기를지 등을 걱정했다.

암 환자가 암을 이겨내면, 사람들은 그가 질병과의 싸움에서 승리했다고 생각한다. 그러고는 그 환자가 어둠의 시간을 보낼 때 제공했던 모든 지원을 끊는다. 입원 기간에 음식을 가져오거나 기도해 주던 사람들의 수가 줄고, 곳곳에서 보내오던 도움의 손길도 사라진다. 사람들은 환자들에게 아직 치러야 할 전투가 많이 남았다는 사실을 알지 못한다. 힘든 상황에 압도되면 정말로 중요한 것을 챙기기가 어려워진다. 마치 400킬로그램의 고릴라와 불안증 종목의 세계 챔피언이 서로를 때려눕히겠다는 한 가지 목표로 링에 오른 것 같다.

전 세계에서 불안증을 경험하는 사람이 무려 2억 8,400만 명에 이를 만큼, 오늘날 불안증은 가장 흔한 정신 질환이 되었다. 성인의 약 30퍼센트가 살면서 불안증에 시달리며, 발병 확률은 여성이 남성보다 두 배 더 많다고 한다. 이 못된 질병을 막을 유일한 방법은 자신의 검은 양을 찾아서 돌보는 것뿐이다. 머릿속을 다람쥐처럼 헤집고 다니는 부정적인 감정들을 쫓아내기란 몹시 어렵다. 그러나 자기 인생에서 가장 중요한 것이 무엇인지 안다면, 단순하지만 삶을 변화시키는 핵심 가치에 집중할 수 있고, 다른 무익한 것들은 몰아낼 수 있다.

앞장에서 말했듯이, 좋아하는 것들을 이용해서 자신의 핵심 가치를 파악하는 작업은 시작에 불과하다. 그 다음 단계에서는 자신의 취약함을 솔직하게 인정하고, 핵심 가치를 실천하려는 의지가 필요하다. 자신에게 정말로 중요하고 절대로 타협할 수 없는 것들을 구별해내기 위해서는 시간을 들여 자료를 조사하고 증거를 찾아야 한다. 사람들이 자신의 검은 양을 찾도록 돕는 워크숍을 진행할 때 나는 시작 단계에서 약 120개의 흔한 핵심 가치들이 적힌 워크시트를 사용한다. 그중 몇 가지를 나열하면 다음과 같다.

정확성, 아름다움, 공동체, 결단력, 다양성

교육, 자유, 관대함, 혁신, 정의

친절, 의미, 낙관주의, 권력, 존경

결과, 봉사, 전통, 부, 웰빙

이 워크시트*는 자신에게 중요한 가치를 파악하기 위해 처음 여정을 시작하는 사람들을 위해 설계되었다. 워크숍 참가자들에게 공감하는 가치를 모두 골라보라고 하면, 처음에는 대개 스무 개에서 서른 개를 고른다. 이것은 지극히 정상적인 반응이지만, 여기에 문제의 근원이 있다.

그렇게 많은 가치를 매일 지속적으로 지키고 실천하기란 불가능하기 때문이다. 바로 여기가 출발점이 된다. 일상에서 적당히 중요한 것들로부터 핵심 가치를 분리하지 못하는 순간, 당신은 이미 실패할 준비를 마친 셈이다. 의식적이든 무의식적이든, 열 개 이상의 가치를 지키려 애쓰다보니 목표치만큼 변화가 나타나지 못하고…… 그것에 마음이 쓰여 자책하고…… 심지어 마음속으로 실패할 것이 분명하다고 생각하면서도, 계속 노

● www.findyourblacksheep.com에서 전체 목록이 담긴 워크시트를 제공받을 수 있다.

력하고…… 이렇게 악순환이 계속된다. 그러나 이 악순환은 끊어야 한다!

이것은 모두 중요해서 분리해내기 어려운 수백 마리의 양을 돌보아야 하는 목양업자의 상황과 비슷하다. 과연 목양업자는 그 어려움을 어떻게 극복할까? 그는 흰 양 백 마리당 검은 양을 한 마리씩 끼워 둔다. 그리고 잠재적 위협이 감지되면, 그것을 다수의 흰 양 대신 검은 양에게 경고해준다.

악순환을 끊기 위해서는 당신도 핵심 가치를 이용해서 목양업자처럼 행동해야 한다. 적당히 중요한 스무 개 혹은 서른 개의 가치들 사이에서 다섯 가지 검은 양 가치를 찾아야 한다.

이제 워크시트에 표시한 가치들을 비슷한 것끼리 묶어 보자. 가령, 공감과 동정은 비슷한 말이므로 같은 범주로 묶을 수 있다. 공동체와 인간관계, 신념과 영성, 성취와 성공, 책임성과 신뢰성 등 이렇게 비슷한 단어들끼리 묶어서 다섯 가지 항목으로 분류해보자. 그리고

"자신의 진짜 검은 양 가치를 찾으려
조금씩 노력하다 보면,
숨겨진 진정한 자아에 좀 더 가까이 다가갈 수 있다."

각 항목에서 딱 한 단어(살면서 없으면 안 되는 가장 중요한 단어)만 선택하면, 다섯 가지 핵심 가치의 초안이 만들어진다. 아마도 당신의 목록 초안에는 다음과 같은 단어들이 들어있을 것이다.

책임성, 모험, 인간관계, 자기 인식, 희망

헌신, 규율, 신뢰성, 충성, 행복

신념, 건강, 신뢰, 안정성, 창의성

이것들 외에도 관심을 끄는 다른 핵심 가치는 얼마든지 더 있을 수 있다. 어쨌든 자신의 핵심 가치를 파악했다면, 이제 좋아하는 것들로 돌아가 보자. 다음 작업을 즐길 준비가 되었는가? 부디 그러기를 바란다. 왜냐하면 이제 몇 가지 숙제가 나갈 예정이기 때문이다.

다음 주까지 해야 하는 첫 번째 작업은 목적의식을 가지고 자신이 좋아하는 영화 세 편을 보는 것이다. 그때 다음 지침을 따라야 한다.

자신의 검은 양 가치가 언제 등장하는지 기록한다.

자신의 다섯 가지 핵심 가치를 적은 메모지를 옆에 두고 영화를 보자. 그리고 자신의 핵심 가치가 화면에 나타날 때마다 그 단어에 표시를 해두어라.

결과를 분석한다.

영화를 다 보고 나면, 검은 양 가치가 등장한 횟수를 헤아려 본다. 다른 가치보다 더 자주 등장한 가치가 있었는가? 다른 것보다 더 자주 나타난 가치는 당신의 진짜 검은 양 가치일 가능성이 높다.

증거를 평가한다.

처음에 고른 다섯 가지 가치가 좋아하는 영화에 한 번도 등장하지 않았다면, 그 결과에 주목하라. 이따금 사람들은 현재 가장 소중한 것 대신 자신이 열망하는 이상적 가치를 선택하는 경우가 있다는 사실을 기억해야 한다. 만약 자신이 선택한 가치가 영화에 거의 혹은 전혀 등장하지 않았다면,

그것은 이상적 가치일지 모른다. 이때 이런 상황을 잘 기록

해 두어야 한다. 왜냐하면 그것은 그 검은 양 가치가 진짜 자

기 것이 아니라는 경고이기 때문이다.

　　자신에게 가장 중요한 가치들을 영화에 투사해보

는 작업은 자기 자신과 허심탄회한 대화를 시작하기에

대단히 좋은 방법이다. 영화 대신 앞장에서 언급했던 노

래나 음식, 향 등을 가지고 작업해 봐도 좋다. 그러나 완

벽한 진실에 도달하려면, 자신의 검은 양이 정확히 어

떤 현실 상황에서 활동하는지를 파악해야 할 것이다.

　　자신의 검은 양 가치관이 실현 가능하다는 사실을

증명하려면, 인디애나 존스식 고고학 연구방법으로 핵

심 가치를 탐구해야 한다. 즉, 무서운 속도로 말을 몰다

탱크 위로 뛰어내리는 과감한 행동뿐만 아니라 필요한

내용을 꼼꼼히 기록하고 관리하는 작업도 필요하다.

　　그러므로 일주일 동안은 하루를 마치고 잠자리에

들기 전, 일기장에 몇 가지 질문에 대한 답을 적어 보자.

다섯 가지 핵심 가치를 모두 적은 다음, 각 단어 사이에 메모할 수 있도록 여백을 둔다. 여백에는 다음의 질문에 대한 답을 적는다.

오늘 이 검은 양이 나타났는가?

검은 양은 얼마나 많이 등장했는가? 하루를 되짚어보면 검은 양이 모습을 드러냈는지 알 수 있다. 검은 양의 등장 여부뿐만 아니라 어떤 상황에서 등장했는가도 기록해두어야 한다. 자주 등장하는 가치일수록 당신의 진짜 검은 양일 가능성이 높다.

시나리오는 무엇이었나?

당신의 검은 양이 모습을 드러냈던 영화의 시나리오를 기록하라. 그것이 어떤 방식으로 드러났는지를 살펴야 한다. 당신이 힘들 때 검은 양이 나타났는가? 아니면 당신이 하고 싶은 말이 있을 때 나타났는가? 당신이 안전하다고 느낄 때 나타났는가? 이런 식으로 검은 양이 나타나는 상황 유형을 정리해두면, 자신의 검은 양을 깨우고 싶을 때 필요한 시나리오를 파악할 수 있다.

검은 양이 누구와 함께 나타났는가?

검은 양이 나타났을 때 당신 곁에 누가 있었는지 기억을 더듬어 보라. 그 사람은 믿을 만한 친구인가? 혹은 적인가? 가족인가? 당신의 검은 양을 본 사람들을 정리해두면, 지금 당신 주변에 어떤 사람들이 있는지 파악할 수 있다. 이 작업은 믿을 만한 사람으로 이너 서클을 구성하는 데 도움이 될 것이다.

한 주가 끝날 때쯤이면 당신이 찾던 진실에 접근하게 해 줄 중요한 자료들이 수집될 것이다. 만약 당신이 내 워크숍 참가자들과 비슷하다면, 당신은 처음에 골랐던 두세 가지 가치가 날마다 꾸준히 나타난다는 사실을 알게 될 것이다. 대개 이런 가치는 당신의 내면에 깊이 뿌리 내린 핵심 가치 중 하나이다. 그것들은 직감적으로 느껴지는 가치이므로, 일부러 노력하지 않아도 저절로 파악된다. 이런 가치들은 당신을 특별한 존재로 만들어 주기 때문에, 그것이 정말 자기 것이 맞는지 확인하는 과정이 중요하다. 그런데 들쑥날쑥 등장하는 두세 가지 가치는 어떻게 해야 할까?

세 가지 질문을 더 해 보자

한 주 동안 필요한 자료를 수집하고 기록했지만, 여전히 일부 가치가 예상보다 적게 등장했다면, 다음 세 가지 질문을 추가로 생각해 보자.

- 이 가치들이 진짜 내 검은 양 가치인가, 아니면 내가 그냥 중요하게 느끼는 가치인가?

- 이 가치들은 현재 내 모습을 표현하기보다 그저 내 열망

을 반영한 이상적 가치는 아닌가?

- 이 가치들이 드러나지 못하게 나 자신이 방해하고 있지는
  않은가?

첫 번째 질문에서 혹시 '중요하게'라는 단어의 의미가 검은 양을 찾아내기에 너무 좁다고 여겨지면, 좀 더 광범위하고 포괄적인 단어로 조정해야 한다. 가령, 크리스는 자신의 세 가지 핵심 가치로 인간관계, 신념, 가족을 꼽았다. 그런데 막상 이런 가치들을 추적하다보니 의미가 서로 비슷해서 증거들을 구분하기가 어려웠다. 이런 경우에 나는 인간관계, 신념, 가족 등을 하나로 묶을 수 있는 '관계connection'라는 단어를 대신 사용해보라고 권한다.

그 이유는 이렇다. 크리스가 친구, 동료, 지인 등과 교류할 때 가장 중요하게 생각하는 부분은 다양한 영역에서 성공한 사람들과 의미 있는 관계를 맺는 것이다.

"당신은 다른 사람의
검은 양도 보살피고 있는가?"

Black Sheep

그리고 종교(불교)인으로서 그는 봉사, 도덕, 윤리 등의 원리와 실천자인 자신의 관계를 소중하게 여긴다. 또한 아내, 부모, 조부모, 형제자매, 친척 등과의 인간관계도 그에게는 몹시 중요하다. 이 모든 내용을 포괄적인 단어 하나로 조정하면, 그것을 좀 더 쉽게 추적할 수 있다. 그런 다음에는 두 가지 핵심 가치를 더 찾고, 그 내용을 검증한 후에 세상에 공개하면 된다.

두 번째 질문의 이상적 가치와 관련해서, 처음 자신의 검은 양을 찾아 나서면 대개 자신이 정말로 관심을 두는 것보다 관심을 두어야 한다고 생각하는 가치를 선택하는 경우가 있는데, 이는 지극히 정상적인 행동이다. 올바른 자기 인식에는 솔직하게 자신의 취약함을 인정하는 연습이 필요하다. 만약 당신이 선택한 검은 양이 일상에서 전혀 나타나지 않는다면, 그것들은 실제 당신의 모습이 아니라 당신이 그래야 한다고 생각하는 모습이 투사되었다는 신호이다. 그러나 내가 약속하건대, 세상에 경외심을 불러일으키는 순간은 당신이 있는 그대로의 모습을 보여줄 때이다. 그리고 그렇게 하기 위해서는 먼저 자신의 진짜 모습을 찾아야 한다.

세 번째 질문으로 넘어가서, 자신의 검은 양이 드러나지 않는 이유가 혹시 자기 자신 때문이 아닌지 살펴봐야 한다. 만약 감정과 가치관 사이의 줄다리기에서 감정이 이기도록 내버려 둔다면, 사려 깊게 균형 잡힌 삶을 살기가 어려워진다. 좋은 결정이란 자신의 가치관에 따라 모든 사실을 고려하고, 순간의 감정을 존중해야 한다는 사실을 기억하라. 좋은 결정은 감정에 휩쓸리지 않는다. 지금 자신의 감정 상태를 제대로 파악하고 받아들여야 한다. 몹시 속상하거나 분노에 차 있다면, 가치관에 따라 행동하기가 어려울 것이다.

일주일간의 검증 기간을 거친 후에는 솔직한 자세로 자신의 핵심 가치를 가능한 한 정확하게 재조정하라. 그런 다음 다시 또 일주일간 그것들을 검증하라. 그렇게 두 주를 보내고 나면, 당신은 자신이 선택한 검은 양이 진짜 자신의 것인지 확인해주는 실질적인 증거를 모을 수 있다.

검은 양은 날마다 관리해야 하는데, 때로는 관리하기 싫은 날도 있을 것이다. 하지만 괜찮다. 누구든 완벽을 추구할 필요는 없다. 그저 필요한 순간에 검은 양 가치를 불러낼 수 있는 강력한 실행 의지만 있으면 된다. 그렇게 유사시 자신의 검은 양을 찾는 일이 무엇보다 중요하다. 아무것도 하고 싶지 않은 순간에, 검은 양은 당신의 책임감을 자극해서 무언가를 시도하게 한다. 검은 양 가치는 자신에게 가장 중요한 것이 무엇인지 스스로 묻게 해서, 일이 잘 풀리지 않아 지친 날에도 힘을 내게 한다. 또한 인생에 별로 중요하지 않는 일들에 함부로 에너지를 낭비하지 않음으로써, 핵심 가치에 집중하고 목적의식을 가지고 살 수 있게 된다.

"검은 양을 잃어버리면
자신의 진짜 모습을 보여줄 수 없다."

Black Sheep

이제 '왜'라고 질문할 때

일단 자신의 검은 양을 발견해서 그것들이 진짜임을 증명하고 나면, 그 다음에는 목적을 선택할 수 있게 되어 마침내 자신의 인생을 통제할 수 있게 된다.

이미 3장에서 언급했듯이, 목적은 활성화된 핵심 가치를 보여준다. 당신의 목적은 당신이 '왜' 그렇게 행동하는가를 보여주므로, 당신에게 가장 중요한 것과 일치한다. 그러므로 당신이 자주 언급하는 목적이 있다면, 이것을 간단한 문장으로 표현해보라고 권하고 싶다.

가령, 레이철의 검은 양 가치관은 이것이다.

관계|Connection

신뢰|Trust

공감|Empathy

진정성|Authenticity

창의성|Creativity

레이철의 검은 양 가치들로 목적을 드러내는 문장을 만들어 보면 이렇다.

"다른 사람들과 긍정적인 관계를 맺기 위해서 창의적이고 진정성 있게 자기를 표현함으로써 신뢰를 쌓는다."

레이철의 목적 문장에 그녀의 핵심 가치 다섯 가지 중 네 가지가 포함되어 있는 것이 보이는가? 만약 자신의 모든 핵심 가치를 목적 문장에 담을 방법이 있다면, 당장 그렇게 해라.

그런데 자신의 검은 양 가치를 파악하기도 전에 왜(목적)부터 생각한다면, 목적 문장에 얼마나 많은 가치를 담아낼 수 있을까? 이때 목적 문장에 모든 가치가 담겼다면, 그것은 아마 운이 좋았거나 우연히 얻어진 결과였을 것이다. 왜냐하면 그것은 목적의식에 따른 삶이 아니기 때문이다. 자신의 욕구를 존중하고 그것을 충족시키며 살기 위해서는 자신에게 가장 중요한 것이 무엇인지부터 알아야 한다. 그러니 이렇게 한번 해 보자.

자신의 검은 양 가치들을 아래에 죽 적어본다.

_____

_____

_____

_____

목적 문장에 최대한 많이 검은 양 가치를 포함시키
되 의미가 통하도록 간단하게 만들어본다.

내 목적은 _____

_____

_____

이제 잠깐 멈춰보자. 여기까지 작성했다면, 잠시 작
업을 멈추고 다음을 인정하라. 공식적으로 당신은 1퍼
센트에 속하게 되었다! 소득 상위 1퍼센트라는 말이 아니다⋯⋯. 내가 말하는 1퍼센트란, 목적의식을 가지고 인생을 주도적으로 살기 시작한 사람들을 의미한다. 당신은 '무엇'과 '왜'를 확정했으므로, 이제는 그 검은 양가치관이 다른 사람들에게도 통하게 하는 '방법'을 배워야 한다. 마침내 당신은 변화를 일으킬 준비를 마쳤다. 당신이 너무나 자랑스럽다. 수고했다.

검은 양의 교훈

무엇What

자신에게 가장 중요한 것은
일상에서 드러나기 마련이다.

왜Why

검은 양 가치는 열망의 대상이 아니다.
그것들은 실제로 존재하는 가치이므로,
당신은 그것이 진짜 자신의 가치관임을 직접 증명해야 한다.

어떻게How

다섯 가지 핵심 가치를 적어보고
일상에서 그것들을 찾아보라.

Practical
Manifestation

7장

실천의 시간

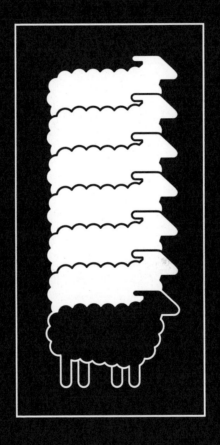

"모든 임무를 마무리할 시간이다"

자신의 검은 양을 발견하고 그것들이 자기 것임을 증명했다면, 이제부터는 그것을 풀어 놓아 삶을 이끌게 하라. 당신의 검은 양 가치관을 주변의 모든 사람들이 보고 느끼고 활용할 수 있도록 일상에서 그것을 드러낼 방법을 신중하게 계획해보자. 의식적으로 검은 양 가치관을 사용하는 행동은 그 가치관을 실현하는 가장 효과적인 방법이다. 말 그대로 당신은 때와 장소를 선택해서 자신의 핵심 가치를 드러낼 수 있다. 그렇게 해서 목적을 이루고, 태어난 이유대로 살 수 있다.

2018년 말, 나는 3개월에 걸쳐 어떤 계시를 받았는데, 그것이 지금 하는 일의 계기가 되었다. 그해 10월에 나는 '컨트랙트 포럼Contract Forum'에서 강연을 해달라는 요청을 받았다. 이 포럼은 『컨트랙트Contract』라는 잡지사가 주최하는 행사로, 국내 최고 디자이너들이 모여서 최신 인테리어 트렌드와 인테리어 산업이 나아가야 할 방향에 대해 토론하는 자리였다. 내가 요청받은 강연 주제는 '디자인 산업에서 핵심 가치의 필요성'이었다.

나와 같은 예술가들에게 핵심 가치의 필요성을 설명할 수 있었기에 나는 몹시 흥분됐다. 그래서 처음에 이런 말로 강연을 시작하기로 했다.

"자신의 핵심 가치를 정의하지 못한 사람은 결코 독창적인 디자이너가 되지 못할 것입니다. 아무리 완벽한 작품이라도 그것은 그저 다른 사람들의 관심을 반영한 결과물일 뿐입니다."

나는 이런 충격적인 진실을 얼른 청중에게 알려주고 싶었다. 이 말이 청중을 불편하게 하겠지만, 우리가 즉흥 연기를 하고 있다는 사실을 인정하는 것이 독창적인 삶을 위한 출발점이 된다는 사실을 나는 알고 있었다. 내 앞 차례인 오전 강의는 다른 강연자가 맡았다. 그 강연자는 유명 상품 디자이너이자 민족지학자이며, 트렌드 예측자이기도 한 파울라 주코티Paula Zuccotti였고, 강연 주제는 그녀가 쓴 『우리가 만지는 모든 것Every Thing We Touch: A 24-Hour Inventory of Our Lives』의 내용이었다. 이 책은 연령, 인종, 종교, 성별, 성적 지향 등 다양한 사람들이 24시간 동안 만진 모든 물건의 사진과 함께 이들의 삶을 기록하고 있다. 주코티는 사람들이 아침에 일어나 저녁에 잠자리에 들 때까지 만진 모든 물건을 시간 순서대로 바닥에 늘어놓고, 개인별로 한 장의 사진에 담아냈다. 그렇게 사진 속 물건들이 들려주는 이야기를 통해 물건 주인의 하루를 엿볼 수 있게 했다. 그것은 정말 멋진 일이었다! 누군가의 인생에서 가장 중요한 것을 그 사람이 접촉한 물건들로 예측한다는 의미로, 주코티는 이 작업을 '미래 고고학^future archaeology'이라고 불렀다.

나는 망치로 머리를 한 대 얻어맞은 듯했다. 주코티의 강연에 완전히 마음을 빼앗겼다. 그러니까…… 커다란 충격에 휩싸였다! 주코티의 충격적인 강연을 들으면서, 나는 이런 질문을 스스로에게 던졌다. 누군가가 나를 24시간 동안 따라다닌다면, 내 검은 양 가치관이 그들의 눈에 보일까? 이 질문에 대한 솔직한 답은 기껏해야…… '아마도'였다. 문득 나의 검은 양을 찾는 일은 더 큰 과정의 일부일 뿐이라는 생각이 들었다. 가장 중요한 것을 정의하는 일이 대단히 귀중하긴 하지만, 그 작업을 마친 후에는 무엇을 해야 할까?

나는 그로부터 두 달 후에 그 답을 『뉴욕타임스』의 한 기사에서 발견했다. 그 기사의 주인공은 기업가, 디지털 마케팅 전문가, 와인 전문가, 베스트셀러 작가로서 인터넷에서 어마어마한 관심을 불러일으킨 게리 베이너척Gary Vaynerchuk이었다. 베이너척은 뉴욕에 근거지를 둔 커뮤니케이션 회사, 베이너엑스VaynerX의 회장이자 그 자회사인 베이너미디어VaynerMedia의 CEO이다. 팬들에게 게리비GaryVee라는 애칭으로 불리는 베이너척의 일생일대 목표는 프로 미식축구팀인 뉴욕 제츠New York Jets를 인수하는 것이었다. 잭 쉰브룬Zach Schonbrun 기자는 "자칭 예비 제츠 주인, 꿈에 바짝 다가서다The Self-Described Jets Owner-in-Waiting Will Tailgate for Now"라는 제목의 기사에 게리의 형제이자 동업자인 AJ와 인터뷰한 내용을 실었다. AJ는 게리가 반드시 목표를 이룰 것이라고 말하면서, 이런 간단한 문장 하나로 내 세계를 뒤흔들었다.

"그는 말이 현실이 되게 하고 있습니다."

정말 충격적인 말이었다. 자신의 검은 양 가치관을

실현하는 방법을 모색할 때 필요한, 잃어버린 퍼즐 한 조각을 AJ가 찾아주었다. 일단 자신의 다섯 가지 핵심 가치를 파악하고 난 후에는 그것이 현실이 되게 만들어야 한다. 자신의 이야기를 통제하기 위해 언제 어디에서 자신의 검은 양 가치관을 드러내고 사용할지 선택해야 한다.

2019년 1월, 나는 내 검은 양 가치관을 일상에서 적극적으로 드러낼 방법을 강구하기 시작했다. 10개월에 걸쳐 그 작업을 진행하는 동안 내 삶은 크게 바뀌었다. 직업적 명성이 높아져서 강연 요청이 세 배 늘고 강연료가 200퍼센트 올랐으며, 핵심 가치와 목표 관리 분야에서 영향력 있는 사상가가 될 기회가 사방에서 열렸다. 인맥이 두터워져서 전혀 몰랐던 사람들이 내 인생에 들어왔으며, 그들로부터 신뢰를 받고 진심 어린 격려의 말을 들었다. 정말 믿기지 않는 일이었다.

이렇게 개인적으로나 직업적으로 성공을 거두게 되자 차례차례 새로운 목표를 세워 실현하는 일이 쉬워졌다. 그러나 중요한 것은 목표나 성공이 아니다. 중요한 것은 '과정'이다.

이것은 게리 베이너척도 동의하는 내용이다. 그는 AJ의 인터뷰 기사와 관련해서 자신의 홈페이지*에 이런 의견을 달았다.

> 뉴욕 제츠를 인수하든 못하든 나는 상관없다. (그리고 이것은 이번 시즌 뉴욕 제츠의 성적과 무관하다.) 사실 나는 목표를 향해 가는 과정을 즐길 뿐이다. 나는 고되고 결과가 불확실한 일을 오랜 시간 땀 흘려 하는 것을 좋아한다. 사는 게 쉬운 일이 아니므로, 일생일대의 목표를 실현하는 과정에서 변수는 발생하기 마련이지만, 상관없다. 그것도 과정의 일부니까. 그러므로 그 과정을 즐겨야 한다.
>
> 전에도 여러 번 말했지만, 막상 제츠를 인수하게 되면 서운한 감정이 들 텐데, 그 이유는 목표를 향해 가는 과정이 '끝나

* www.garyvaynerchuk.com

기' 때문이다. 정말 걱정스럽다. 이제 뭘 하나…….

영광스러운 일은 개인적인 목표 달성이 아니라, 과정을 즐기고 목표 달성에 도움을 준 사람들과 그 기쁨을 나누는 것이다.

이 내용은 베이너척이 쓴 글의 마지막 부분으로, 내게 큰 감동을 주었다. 중요한 것은 목표 달성이 아니라, 목표를 이루어가는 과정과 그 성공의 기쁨을 사랑하는 사람들과 나누는 것이다. 자신의 검은 양 가치관을 실현하는 일은 나뿐만 아니라 내가 접촉하는 모든 이에게 영향을 미친다.

자신의 검은 양 가치관에 따라 인생을 살려면 목적의식을 가져야 한다. 말 그대로 날마다 구체적인 계획을 세워야 한다. 달력을 꺼내어 일정을 확인하고 언제 어디에서 검은 양 가치관을 드러낼지 생각해보자.

예를 들어, 나는 다음 달 마케팅 계획을 짜기 위해 2시에 메리와 만나기로 했다. 메리는 최근에 힘들게 이

"검은 양은 혁신적 변화를
일으키는 촉매제이다."

혼한 터라 심신이 몹시 지쳐 있었다. 그래서 나는 재빨리 내 검은 양 가치관을 들여다봤고, 공감과 희망이 메리에게 도움이 되겠다고 생각하여 회의 직전에 '공감, 희망, 영향력'이라는 단어를 적는다. 그리고 회의 중에 그 단어들이 표현될 수 있도록 계획을 세운다. 나는 공감을 표시할 '적절한 순간'을 기다리거나 도움이 될 것 같은 말로 격려하다 보면 우연히 내 가치관이 드러날 것이라 기대하지 않는다. 그저 목적의식을 가지고 내 검은 양 가치관이 실현되게 할 것이다.

처음에 메리는 공감과 희망의 모습을 보게 될 텐데, 그 이유는 회의 시작 전에 내가 이렇게 말할 것이기 때문이다.

"메리, 그런 힘든 일을 겪다니 너무 안타깝네요. 고통스러운 상황이지만, 당신은 잘 극복할 거예요. 나도 최선을 다해 당신을 도울게요. 지금 이런 회의를 하는 게 힘들겠지만, 당신은 훌륭한 사람이니 잘 견뎌낼 거예요. 당신이 우리 회사에 끼친 긍정적인 영향력에서 당신의 진면목이 드러나죠. 당신의 스트레스를 줄여 줄 방법이 있다면, 편하게 알려 주세요."

간단한 문장 몇 개로 메리에게 그녀가 혼자가 아니라는 메시지를 전달할 수 있다. 겉보기에는 평범한 말 같지만, 심한 우울증에 빠져본 사람은 몇 마디 말로도 위로를 받는다는 사실을 잘 알고 있을 것이다.

날마다 목적의식을 가지고 살면, 인생을 주도하는 능력이 강화된다. 가령, 당신은 저녁 7시에 어머니와 저녁 식사를 하기로 했다. 몇 년 전에 아버지가 돌아가신 뒤로 어머니는 힘든 시간을 견디고 계신다. 점점 연로해지는 어머니는 어쩌면 당신과 함께 살고 싶으실지 모른다. 그러나 독립적인 어머니는 다른 사람에게 짐이 되기 싫은 모양이다. 당신은 어머니와 이 문제에 관해 여러 번 얘기했지만, 말을 꺼낼 때마다 감정적이 되어서 "어머니, 고집 좀 그만 부려요! 정말 지긋지긋해요. 왜 그렇게 생각을 안 바꾸세요?"라고 말하고 만다. 대화가 진전될 기미가 없어 보인다.

당신은 오늘 저녁에 한 번 더 그 문제를 논의하기로 마음먹는다. 그런데 이번에는 당신의 검은 양이 대화를 주도하도록 계획을 짠다. 편의상 여기에서 당신의 검은 양 가치는 관계, 감사, 관대함, 충성, 신뢰라고 해보자. 당신은 굳게 마음을 먹고 약속 시간 직전에 이 단어들을 적어 본다. 오늘의 대화는 이렇게 달라질 것이다.

"전에도 나눴던 이야기지만, 어머니가 망설이시는 이유를 잘 알아요. 하지만 제 마음도 좀 헤아려주세요. 어머니는 매사에 감사하도록 저를 키우셨어요. 다른 사람들과 시간과 돈, 마음을 아낌없이 나누도록 가르치셨죠. 어머니는 가계에 보탬이 되려고 일을 두 개나 하시면서 제가 부족함을 느끼지 않게 하셨어요. 어머니의 헌신 덕분에 저는 어머니를 전적으로 신뢰하게 되었죠. 하지만 지금은 어머니가 저를 믿으셔야 할 때예요. 저의 관대함과 감사하는 마음을 표현하게 해주세요. 그저 제가 원하는 것은 착한 딸로서 어머니와 함께 살면서, 어머니가 제게 해주셨듯이 저도 어머니를 돕는 일이에요.

"자신의 핵심 가치를 실천한다는 의미는
날마다 어떻게, 어디에서, 누구와 함께
그것들을 사용할지 계획한다는 것이다."

한 번만 더 생각해 보시고, 제가 어머니의 가르침을 실천할 수 있게 해주세요."

짜잔! 자신에게 가장 중요한 것으로 상황을 이끌 때와 다른 사람에게 내 생각을 강요하며 감정에 호소할 때가 어떻게 다른지, 그 차이가 느껴지는가? 물론 그럼에도 불구하고 어머니는 당신의 제안을 거절하실지도 모른다. 그러나 당신이 자신의 핵심 가치를 지킨다면, 결과와 상관없이 자신의 행동 덕분에 기분이 좋아질 것이다. 핵심 가치를 실천하는 사람의 말은 진심이 담기므로 반향을 일으킨다. 그런 말은 진실하고 솔직하다. 그리고 혁신적이다.

참고로 나는 모든 사람이 선하게 태어난다고 믿고 싶다. 그러나 자신의 가치관을 악용하는 사람은 늘 존재한다. 이런 사람은 다른 사람에게 해를 입힐 의도로 자신의 가치관을 실천한다. 가끔 나는 이런 질문을 받곤 한다.

"내 검은 양 중에 못된 녀석이 있으면 어쩌죠?"

답을 살짝 공개하자면, 검은 양 중에는 못된 녀석이 있을 수 없다. 물론, 마음먹기에 따라서 그런 못된 녀석이 생길 수도 있다. 그러나 다른 사람을 짓밟아서라도 자신의 가치관을 실천하겠다고 마음먹은 사람은 아무것도 얻을 수 없다. 그러니 영화 〈로드 하우스Road House〉에서 패트릭 스웨이지Patrick Swayze의 명대사처럼, "착하게 살아야 한다."

검은 양 가치관은 일상에서 그것을 실천하려 노력할 때 실현된다. 나는 소원을 크게 외치기만 해도 온 우주가 응답한다는 말을 별로 믿지 않는다. 나는 기복 신앙에는 관심이 없다. 그건 사실이 아니기 때문이다. 자신의 검은 양을 발견해야, 자기 안에 숨겨진 진짜 자아에 닿을 수 있다. 목적의식을 가지고 자신의 가치관에 따라 행동하는 것을 인생의 가장 중요한 가치로 삼을 수는 있다. 그러나 그런 결심만으로 가치관이 저절로 실현되지는 않는다. 그러므로 지금 당장 달력을 꺼내서 내일 일정을 확인하라. 그리고 다음 두 질문을 스스로에게 던져 보라.

- 해야 할 일에 도움이 되는 검은 양 가치는 무엇인가?
- 내 핵심 가치는 어떤 목표를 달성하는 데 도움을 주는가?

이제 예정된 일정 옆에 위 질문에 대한 답을 적어본다. 작은 일도 가치관을 실천할 좋은 기회가 된다. 이렇게 목적에 따라 살면 자신의 검은 양 가치관을 실현할 수 있다. 당신은 가치관을 여러 개 선택할 수 있으며, 그 가치관을 어떻게 사용할지 충분히 생각해보고 행동할 수 있다. 필요하다면 메모해도 좋다.

삶의 목표는 목적의식을 가지고 적극적으로 사는 것이다. 그것이 자신의 방식대로 사는 삶이다. 지금 여기에 당신이 있는 이유는 목적을 이루기 위해서이다. 그리고 당신의 검은 양이 그 일을 도울 수 있다. 인생을 주도적으로 살기 위해서는 자신의 검은 양을 훈련시켜야 한다.

사람들이 당신에게서 가장 먼저 발견하는 것이 바로 검은 양이어야 한다. 사람들은 당신의 검은 양을 보고 당신에 대한 태도를 달리할 것이다. 벌어질 일에 대한 통제권이 당신에게 있는 셈이다. 그것은 선택하기 나름이다.

대부분의 사람들은 좀처럼 그런 선택을 하지 않는다. 자신의 검은 양 가치관을 찾는 데 시간을 들이지 않는다. 그저 즉흥 연기나 하며 살고 싶어 한다. 지금까지 그렇게 살아 왔는데……. 굳이 왜 지금 바꿔야 할까 하고 생각한다.

당신은 지금 충만한 삶을 살고 있지 못하므로 변화를 꾀해야 한다. 당신을 기다리고 있는 어떤 삶이 있다. 그 안에서는 믿기 어려울 만큼 충만함을 느낄 수 있다. 그런 삶은 당신의 목적 및 사명과 일치한다. 이것이 바로 내가 당신에게 원하는 모습이다. 나는 당신이 매일 아침 일어나 자신의 검은 양 가치관에 따라 살았으면 좋겠다. 자신의 순서를 기다리는 대신 펜을 쥐고 자신의 이야기를 직접 써내려갔으면 좋겠다. 감정에 휘둘리지 않고 다른 사람들과 활발한 토론을 벌일 수 있게 타협 불가능한 가치관을 갖기를 바란다. 행복을 결과와 연동하지 말고, 좋은 결정들을 내리며 진취적으로 살았으면 좋겠다.

무엇보다 희망이 있다는 사실을 믿었으면 좋겠다. 그것은 상황을 바꿀 수 있다는 희망이며, 불가능해 보이는 상황도 극복할 수 있다는 희망이다. 나는 이미 그런 기적을 경험했다. 이제 그 기적을 당신과 나누고 싶다. 희망을 품고, 자신의 힘으로 그 기적을 경험하기를 바란다. 변화가 당신을 기다리고 있다. 자, 이제 선택은 당신의 몫이다.

검은 양의 교훈

무엇What

검은 양 가치관이
일상에서 드러나도록 계획을 세운다.

왜Why

검은 양 가치관이 드러난다는 의미는 당신이 가치관을
실천하고 있고 목적을 실현시키고 있다는 것이다.
이렇게 하면 사람들에게 당신의 본 모습을
제대로 보여 줄 수 있기 때문이다.

어떻게How

달력에 표시된 일정을 소화할 때마다
어떤 핵심 가치를 활용할지 적어보라.
그러면 소기의 성과를 거둘 수 있다.

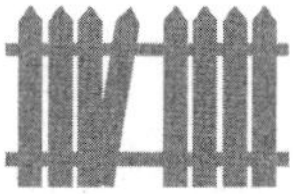

지금 변화가 시작된다

자신의 검은 양 가치를 찾으면, 세계관이 변한다. 분노를 유발하던 세력은 기세가 꺾일 것이다. 전에는 고려의 대상조차 되지 못했던 상황들에 관심을 쏟게 될 것이다. 이것은 마치 태풍의 눈과 같다. 주변이 아무리 혼란스러워도 당신은 평정심을 유지할 수 있다. 그러나 그런 평정심이 무너질 때도 있다. 우리는 과거나 미래에 사는 데 익숙해서 현재를 등한시하는 경우가 많기 때문이다.

당신의 감정은 초대받지 않은 파티에 참석하고 싶

어 하고, 당신을 혼란에 빠뜨리고 싶어 한다. 그러므로 부정적인 감정이 밀려올 때를 미리 대비해야 한다. 불쾌하더라도 그 감정이 실체를 파악할 수 있게 정면으로 밀어 닥친다면 차라리 다행이다. 그러나 그런 일은 거의 일어나지 않는다. 대개 부정적인 감정은 뒷문으로 조용히 들어와서 은근슬쩍 의혹을 심는다. 그것은 집중력을 흩뜨려서 핵심 가치에서 멀어지게 한다. 그러므로 당신은 늘 자신의 검은 양 가치에 집중하며 살아야 한다.

진정한 변화는 실천이 중요하다

훌륭한 싱어송라이터 짐 트릭 Jim Trick 은 인생을 바꾸는 강연을 하는 성공한 인생 상담사이자 내 이너 서클에 있는 다섯 명 중 하나이다. 짐은 어디에서나 존재감이 드러나는 사람이다. 180센티미터가 넘는 키에 브라질리언 주짓수를 배웠고, 록 스타 버디 홀리 Buddy Holly 가 썼던 뿔테 안경을 쓴 채 호기심 가득한 눈빛으로 힘센 사람도 얼굴을 붉히게 만드는 짐은 늘 사람들의 눈길을 끈다. 짐이 사는 매사추세츠 주의 마블헤드에는 그를 모르는 사람이 거의 없다. 짐에게는 상대방을 특별한 존재로 느끼게 하는 능력이 있지만, 그것은 그가 전혀 그렇지 못했기 때문에 생긴 능력이다.

짐은 인생의 대부분을 병적 비만 상태로 살았다. 가장 뚱뚱했을 때 그의 몸무게는 195킬로그램이었고 허리 치수는 무려 66인치였다. 짐은 그 당시 자신의 식생활에 대해 이렇게 말했다.

"아침 식사는 버터와 크림치즈를 잔뜩 바른 베이글로 시작했다. 그 다음에는 에그 맥머핀과 해시브라운 두 개를 해치웠다. 하루는 직장 동료가 던킨도너츠에 간다면서 뭐 좀 사다줄까 하고 물었다. 당연히 나는 좋다고 말했고, 소시지와 계란, 치즈가 든 베이글과 대용량 커피를 사다달라고 말했다. 점심에는 대부분의 사람들이 저녁식사 때 먹는 양을 먹었고, 오후에는 간식으로 더블 와퍼를 먹었다. 그러나 친구와 저녁식사를 할 때는 대개 구운 치킨 샐러드를 시켰고, 그러면서 내 신진대사나 갑상선에 대해 온갖 거짓말을 늘어놓았다."

어느 날 짐이 퇴근하고 집에 돌아오니 전기가 나가 있었다. 그의 재정 상태는 식생활만큼이나 통제 불능 상태였다. 그날 그는 밖에서 친구들과 저녁식사를 했지만, 잠자리에 들기 전 대형 피자 한 판을 더 먹을 생각이었다. 어둠 속에서 손전등을 비춰가며 피자를 먹다가 마침내 그는 상황의 심각성을 인지했다. 그는 도움이 필요했던 것이다.

짐은 몸무게를 줄이기 위해 위장 접합술을 받기로 했다. 수술을 받은 이듬해에 45킬로그램 이상을 감량했다. 그는 기분이 좋았다. 위장 접합술이 마법의 해결책이라고 확신했다. 하지만 그렇지 않았다.

짐은 외모의 변화는 일으켰지만, 시간을 내어 내면을 변화시킬 생각은 하지 못했다. 결국 그는 나쁜 습관으로 되돌아갔고, 그것에 대해 책임을 지지도 않았다.

"위험한 자기 회의에
빠지지 않게 조심하라."

이제 그는 위험한 자기 회의에 빠지기 시작했다.

"나는 노력도 많이 했지만, 번번이 실패한 탓에 다시 시도할 생각조차 할 수 없었다. 그래서 이것이 내 진짜 모습이자 미래의 모습이라며 체념했다. 그런데 문제는 몸무게만이 아니었다. 직장에서 나는 능력을 발휘하고 보수도 괜찮았지만, 그 일은 내 영혼을 갉아먹고 있었다. 결혼 생활도 엉망이었기에, 전반적으로 불만스러운 삶이었다."

짐은 자기 회의에 빠짐과 동시에 기분을 좋아지게 하는 행동, 즉 다시 음식에 손대기 시작했다. 그리고 몸무게가 늘어갈수록 짐의 희망도 사라져갔다. 그가 나쁜 생활 습관으로 되돌아가자 친한 친구 하나가 나섰다. 친구는 그렇게 살다가는 죽을지도 모른다며 뼈아픈 충고를 했다. 다행히 친구의 말은 효과가 있었다.

짐은 자신의 핵심 가치를 찾기로 했다. 그리고 다음의 다섯 가지를 발견했다.

동정적 관계^{Compassionate connection}

영향력^{Impact}

건강^{Health}

신념^{Faith}

창의성^{Creativity}

그 이듬해에 짐은 자신의 검은 양 가치관을 실천하기 시작했다. 상담을 받고, 운동을 하고, 주짓수 수업을 들었으며, 이너 서클을 만들어 사람들과 교류하고, 열정적으로 건강한 음식을 만들어 먹었다.

그러는 동안에도 자기 회의감은 끊임없이 짐을 괴롭혔다. 위장 접합술을 받았을 때처럼 몸무게가 크게 줄지 않았기 때문이다. 회의감이 들 때마다 짐은 과거의 망령과 싸움을 벌여야 했다. 그러다가 짐은 내면의 비판자를 다룰 방법을 알아냈다. 내면의 비판자를 다루는 데는 검은 양 가치관을 이용하는 방법이 가장 효과적이었다.

내면의 비판자와 대화하라

어떤 사람은 내면의 비판자를 무시하고, 영화에서 슈퍼맨이 조드 장군에게 한 것처럼, 팬텀 존^{Phantom Zone}에 그 비판자를 가두라고 말한다. 이 방법은 유혹적이지만, 전혀 효과가 없다. 내면의 비판자에게도 발언 기회를 줘야 한다. 내면의 비판자가 내뱉는 부정적인 말들 속에도 일말의 진실이 담겨 있기 때문이다.

그러므로 내면의 비판자를 몰아내기보다는 이렇게 해보기를 권한다. 우선 스스로를 중학교 스쿨버스 운전자라고 상상하라. 당신은 지금 목적지를 향해 운전하면서, 당신 뒤에서 벌어진 아수라장을 통제하려고 애쓰는 중이다. 내면의 비판자는 당신의 주의를 흩뜨려 운전을 방해하고 있는 짓궂은 중학생들과 비슷하다. 당신에게는 다음과 같이 몇 가지 선택안이 있다.

아이들에게 조용히 하라고 고함을 친다.

(이 방법이 효과가 있었던 적이 있었나?)

아이들을 무시하고 계속 운전만 한다.

(문제를 무시한다고 해서 없어지는 것은 아니다.)

소란을 피우는 아이들을 버스에서 내리게 한다.

(이 방법도 문제를 해결하지 못한다.)

나는 다른 방법을 추천하고 싶다. 당신의 검은 양 가치관에 근거해서 내면의 비판자를 대면하고, 다음의 두 가지 중요한 질문을 던져보라.

"나한테 하고 싶은 말이 뭐지?"

내면의 비판자에게 발언 기회를 줌으로써, 그 비판자의 힘을 빼앗는다. 비판자를 무시해서 그것의 화를 돋우지 말고, 마음껏 말하게 하라. 지긋지긋한 대화라도 그 안에서 진실을 찾아보자. 내면의 비판자가 당신에게 유익한 말을 하는가? 당신의 핵심 가치를 조금이라도 언급하는가? 만약 그렇다면, 핵심 가치를 염두에 두고 문제를 해결해보자. 만약 도움이 되지 않는다면, 무시하라.

"대체 무슨 이유로 나한테 이런 식으로 말하는 거지?"

내면의 비판자의 말이 왜 상처가 되는지 생각해보자. 부정적인 자기 대화가 어디에서 비롯되었는가를 이해하면 문제의 해결책을 찾는 데 도움이 될 것이다. 내면의 비판자를 어린아이처럼 다루어라. 비판자를 존중하고 동정하라. 이런 태도가 상황을 진정시킬 것이다.

내면의 비판자와 이런 대화를 나눈 후에는 그것에 감사를 표하고 제자리로 돌아가 달라고 말하라. 비판자가 제자리에 있는 동안에는 당신의 운전을 방해하지 못한다. 당신은 그저 운전만 하면 된다. 그러면 이제 평화가 찾아올 것이다.

이 사실을 깨달은 짐은 다시 살을 빼기 시작했고, 지금은 자신의 핵심 가치에 따라 목적의식을 가지고 건강한 삶을 유지하고 있다. 핵심 가치에 따르는 삶이란 목적의식을 가지고 자신의 검은 양을 찾은 다음, 살면서 다양한 방법으로 그것을 다른 사람들에게 내보이는 것이다. 그러므로 자신의 검은 양이 잘 드러나도록 따로 계획을 세워야 한다! 나의 경우는 검은 양 가치관이 가장 먼저 보여야 한다는 사실을 늘 잊지 않기 위해 오른팔에 검은 양 문신을 새겼다.

당신이라면 자신의 검은 양 가치관을 떠올리기 위해 어떤 방법을 사용하겠는가? 당신도 몸에 검은 양 문신을 새기겠는가? 만약 당신이 원하는 모양을 알려준다면, 그 실행 의지를 축하하는 의미에서 기꺼이 내가 그것을 도안으로 만들어서 보내주겠다. 혹은 팔찌 같은 것으로 만들어서 착용하거나, 아침마다 자신의 검은 양 가치관을 실천하겠다고 다짐하는 방법도 좋겠다. 자신의 검은 양을 떠올리며 실행 의지를 다질 수 있는 방법이라면 무엇이든 시도해 보아라.

자신의 검은 양 가치관을 전면에 내세우면, 자신의 진짜 모습을 보여줄 수 있다. 인생에서 그보다 더 강력한 행동은 없다. 이제 당신은 자신과 비슷한 사람들을 자석처럼 끌어당기게 될 것이다. 자신의 영향력이 확대되는 모습을 직접 확인하게 될 것이다. 목적에 따르며 살도록 격려해주는 사람들과 새로운 공동체를 형성하게 될 것이다. 나아가 검은 양 가치관을 실현함으로써 당신은 독창적인 존재가 될 것이다.

건축가라면 설계 과정에 검은 양 가치관을 반영해서 독창적인 건축물을 창조할 수 있고, 사진가라면 자신의 검은 양 가치관에 따라 독창적인 시선으로 피사체를 사진에 담아낼 수 있다. 변호사라면 자신의 검은 양 가치관을 담은 진심어린 변호를 통해 배심원의 마음을 움직여서 승소 확률을 높일 수 있을 것이고, 교사라면 학생들에게 학습 의욕을 불어 넣고, 간호사라면 환자의 치료 과정에 긍정적인 영향을 주어 회복을 도울 수 있

"자신의 검은 양 가치를 발견하고 활용하는 것은
좋은 결정을 하고 자신의 삶과 세상을
나아지게 하는 열쇠가 된다."

다. 의회는 유권자와의 약속을 이행하고, 재정 자문가는 고객이 불필요한 위험을 피하고 이익을 얻도록 도울 수 있다……. 이런 예는 얼마든지 들 수 있다.

아직까지 방법을 찾지 못했더라도 당신의 검은 양이 길잡이가 되어 줄 것이다. 당신은 경외심을 불러일으키는 특별한 존재이다. 당신은 독창적인 기여를 할 수 있다. 그리고 세상은 그런 헌신을 간절히 필요로 한다.

감사의 말

마이크 야코넬리^{Mike Yaconelli}는 저서 『B급 인생을 찾아오신 하나님^{Messy Spirituality}』에서 주변에 두고 싶은 사람의 유형을 이렇게 설명했습니다.

"나는 자신의 '악명'을 솔직하게 인정하는 사람들을 좋아한다. 이런 사람은 자신이 용서받기 어려울 정도로 끔찍하게 결함이 많은 사람이라고 서슴없이 고백한다……. 그러나 예수의 제자들은 몹시 뻔뻔하고 부주의할 정도로 열정적이었으며, 신앙생활도 요란스러웠다."

저는 단순한 개념도 순순히 받아들이지 않는 영적 문제아로 살고 싶었습니다. 이 책은 그런 제 열망이 반영된 결과물입니다. 수많은 사람의 신뢰가 없었다면, 제 소명을 실천하기란 불가능했을 것입니다.

아내 에밀리와 두 아들, 테오와 브래디에게. 우리 가족의 이야기는 동화와는 거리가 멀지만……. 어쨌든 그것이 우리의 삶이지. 세 사람은 내 인생에서 가장 큰 선물이야. 모두 사랑한다.

어머니와 아버지, 제가 선택한 길 때문에 두 분이 수많은 밤을 뒤척였다는 사실을 잘 알아요. 저도 제 자신을 믿지 못할 때 저를 믿어주셔서 감사합니다.

토드, 캐리, 케이던스, 에이버리에게. 우리는 서로 2,400킬로미터나 떨어져 있지만, 나는 너희의 사랑을 충분히 느꼈단다.

장모님과 장인어른, 두 분은 우리 모두에게 바위처럼 단단한 믿음과 사랑을 보여주셨어요. 감사합니다.

그리고 리사, 스티브, 딜런, 샘에게. 우리는 함께 깊은 골짜기를 헤쳐 나왔어요. 모두 고마워요.

나는 내 꿈을 지지해주는, '가족'과 같은 친구들이 아주 많으니 참 복이 많은 사람입니다. 팸, JT, 셰이, 트릭, 짐, 앨런, 테레사, P.W., 마티, 캔디, 바텔, 데이브,

제시, 셰리, 젠, 리, 케이티, 멜리사, 마이클, 태런, 발,
켈리, 리치 등 고마운 사람들의 이름만 적어도 지면 여
러 장을 채울 수 있을 것입니다.

스캇과 앨리슨 스트래튼이 이끌고 있는 훌륭한 단
체, 스피크 앤 스필 마스터마인드^{Speak & Spill Mastermind}에게
도 감사의 말을 전합니다. 이 단체는 놀라운 통찰력을
갖춘 최고의 인재들이 무대에 설 수 있도록 기회를 열
어 주었습니다. LGO, 론, 브렛, 미치, 제프리, 톰, 탐젠,
닌, 필 M, 앨런, 케이트, 마이클, 에이미, 필 G, 앨리슨,
섀넌 그리고 수준 높은 500명의 청중들…… 모두 고맙
습니다.

마지막으로 페이지투 출판사의 멋진 직원들에게.
제스, 우리가 처음 이 책의 출판 계획에 대해 대화를 나
눈 후부터 변함없이 나를 믿어준 덕분에 내가 용기를
내어 책을 완성할 수 있었어요. 켄드라, 함께 작업한 모
든 순간이 좋았어요. 당신이 내게 보여준 묵묵한 신뢰
는 바로 내가 원했던 것이에요. 트레나, 앤마리, 틸만,

피터, 로레인, 개비, 디애나, 메리, 크리스, 당신들은 정말 멋진 사람들이에요.

자, 이제 세상을 바꿔봅시다!

블랙 쉽

잠들어 있는 내 안의 검은 양을 일깨워라

초판 1쇄 발행 2022년 03월 22일
초판 5쇄 발행 2024년 08월 22일

지은이 브랜트 멘스워 **옮긴이** 최이현
펴낸이 김상현

총괄 유재선 **기획편집** 전수현 김승민 주혜란 **디자인** 이현진
마케팅 김지우 김예은 송유경 김은주 남소현 성정은
경영지원 이관행 김범희 김준하 안지선

펴낸곳 필름(Feelm) 출판사
등록번호 제2019-000086호 **등록일자** 2016년 6월 13일
주소 서울시 영등포구 영등포로 150, 생각공장 당산 A1409
전화 070-8810-6304 **팩스** 070-7614-8226
이메일 book@feelmgroup.com

필름출판사 '우리의 이야기는 영화다'
우리는 작가의 문체와 색을 온전하게 담아낼 수 있는 방법을 고민하며 책을 펴내고 있습니다.
스쳐가는 일상을 기록하는 당신의 시선 그리고 시선 속 삶의 풍경을 책에 상영하고 싶습니다.

홈페이지 feelmgroup.com **인스타그램** instagram.com/feelmbook

ISBN 979-11-88469-97-0 (03190)